P.A.U.L. D.

Arbeitsheft

Herausgegeben von: Frank Radke

Erarbeitet von: Anne Gasch-Sigge
Tanja Heinemann
Frank Radke
Manuel Rahmann
Elisabeth Roth-Rings
Katja Wiertz
Martin Zurwehme
u. a.

Unter Mitarbeit von: Björn Bühner
Isabelle Kremer
David Eckes
Nadine Krux
Elina Lang
Dominique Lingens

Liebe Schülerinnen und Schüler,

in den Arbeitsheften von P.A.U.L. D. findet ihr folgende Symbole und Hilfen:

1. Mit den grünen Aufgaben übt ihr die einzelnen Themen grundlegend mithilfe von konkreten Anleitungen ein.

2. Mit den blauen Aufgaben könnt ihr an einem Thema weiterarbeiten und üben. Ihr erhaltet dabei Hilfestellungen, damit ihr sie lösen könnt.

3. Wenn ihr euch bei einem Thema sicher fühlt, könnt ihr die roten Aufgaben bearbeiten. Sie sind etwas schwieriger und ihr erhaltet hier nur wenige Hilfen.

Wenn ihr mit dem Arbeitsheft in der Schule arbeitet, achtet auf dieses Symbol. Diese Übungen bieten sich besonders dafür an, dass ihr sie gemeinsam mit einem oder zwei Mitschülern löst.

Dieses Symbol bedeutet, dass ihr die Lösung der Übung in eure Hefte schreiben sollt.

In der Lernbox am Anfang eines Kapitels findet ihr alle Informationen und Regeln, die ihr braucht, um die Übungen zu bearbeiten. Hier könnt ihr immer wieder nachlesen, wenn ihr bei einer Übung Hilfe braucht.

In dem beiliegenden Lösungsheft findet ihr zu allen Übungen die Lösungen. Wenn es möglich ist, solltet ihr eure Lösungen mit einem Lernpartner zusammen kontrollieren:
- Tauscht eure Arbeitshefte bzw. Lösungen aus und kontrolliert die Lösungen mithilfe des Lösungsheftes gegenseitig.
- Besprecht dann eventuelle Fehler und klärt, was an den Lösungen verbessert werden muss. Versucht dabei, gemeinsam zu klären, warum ihr etwas nicht richtig gemacht habt und wie man diesen Fehler hätte vermeiden können.
- Korrigiert und verbessert nach der Besprechung eure eigene Lösung.

Viel Spaß beim Lernen und Üben mit den Arbeitsheften wünscht euch euer P.A.U.L. D.-Team!

Die Lösungen zu den Übungen befinden sich in der separaten Beilage.

westermann GRUPPE

© 2017 Bildungshaus Schulbuchverlage
Westermann Schroedel Diesterweg Schöningh Winklers GmbH
Braunschweig, Paderborn

www.schoeningh-schulbuch.de
Schöningh Verlag, Jühenplatz 1 – 3, 33098 Paderborn

Das Werk und seine Teile sind urheberrechtlich geschützt.
Jede Nutzung in anderen als den gesetzlich zugelassenen Fällen bedarf der
vorherigen schriftlichen Einwilligung des Verlages.
Hinweis zu § 52a UrhG: Weder das Werk noch seine Teile dürfen ohne eine
solche Einwilligung gescannt und in ein Netzwerk gestellt werden.
Dies gilt auch für Intranets von Schulen und sonstigen Bildungseinrichtungen.
Für Verweise (Links) auf Internet-Adressen gilt folgender Haftungshinweis:
Trotz sorgfältiger inhaltlicher Kontrolle wird die Haftung für die Inhalte der
externen Seiten ausgeschlossen. Für den Inhalt dieser externen Seiten sind
ausschließlich deren Betreiber verantwortlich. Sollten Sie daher auf kostenpflichtige,
illegale oder anstößige Inhalte treffen, so bedauern wir dies ausdrücklich und bitten
Sie, uns umgehend per E-Mail davon in Kenntnis zu setzen, damit beim Nachdruck
der Verweis gelöscht wird.

Druck A[1] / Jahr 2017
Alle Drucke der Serie A sind im Unterricht parallel verwendbar.

Illustrationen: Reinhild Kassing, Kassel
Umschlaggestaltung: Nora Krull, Bielefeld; Fotos:
© PhotoAlto/Laurence Mouton (v. l.),
© Alessandra Benedetti/Corbis via Getty Images (v. r.),
© Design Pics (h.)
Druck und Bindung: westermann druck GmbH, Braunschweig

ISBN 978-3-14-**028189**-8

Inhaltsverzeichnis

6	**Die Energie der Sonne**	**mit Sachtexten umgehen**
6	Wie Alligatoren Energie tanken	einen Sachtext erschließen
10	Was ist ein Sonnenkollektor?	einem Sachtext Informationen entnehmen

13	**Von fernen Ländern**	**berichten**
13	Wann, wo, wie?	adverbiale Bestimmungen beim Berichten nutzen
16	Als ich dort ankam, …	mithilfe von Adverbialsätzen genau berichten

18	**Zwergfledermäuse und Porzellanleoparden**	**beschreiben**
18	Eine winzige Fledermaus	Tiere mit Attributen beschreiben
20	Die Fledermaus	mit Relativsätzen ein Tier genau beschreiben
22	Das Braune Langohr	ein Tier beschreiben
23	Leoparden aus Porzellan	einen Gegenstand beschreiben

25	**Der Text handelt von …**	**Inhalte wiedergeben**
25	Die Bahnfahrt	eine Inhaltsangabe zu einer Kurzgeschichte verfassen
29	„Selina mag den Stefan sehr"	den Inhalt von Gedichten wiedergeben
31	„Er hat uns gerettet …"	den Inhalt von Balladen wiedergeben
35	„Wahre Abenteuer …"	den Inhalt eines Sachtextes wiedergeben
39	Freizeitaktivitäten	ein Diagramm erschließen

41	**Auf die Sichtweise kommt es an**	**Aktiv und Passiv**
41	Wer oder was steht im Mittelpunkt?	Aktiv- und Passivformen erkennen
42	Ich suche → ich werde gesucht	vom Aktiv ins Passiv umformen
43	Die Klassenfahrt wird geplant/wurde geplant/ist geplant worden …	die Tempusformen im Passiv bilden

45	**Wörter sind verschieden**	**Wortarten kennen**
45	Nomen/Substantiv, Verb, Adjektiv …	Wortarten kennen
46	Der Hund, des Hundes, dem Hund …	Nomen/Substantive deklinieren
48	Ich gehe, ich ging …	Zeitformen bilden
50	Ich bin gefahren, ich war gefahren	Perfekt und Plusquamperfekt kennen
52	Ich, du, er, sie, es …	Pronomen verwenden
54	Auf, im, bei, neben …	Präpositionen verwenden
55	Dort, morgens, leider …	Adverbien verwenden
57	Und/oder, weil/obwohl	Konjunktionen verwenden
59	Teste dich selbst!	Wortarten kennen

Inhaltsverzeichnis

60	**Bausteine des Satzes**	**Satzglieder**
60	Diese Satzglieder kennst du sicher	Subjekt, Prädikat und Objekte
63	Wann? Wo? Warum? Wie? …	adverbiale Bestimmungen erkennen
64	Präposition mit Nomen/Substantiv, Adjektiv oder Adverb?	die Form von adverbialen Bestimmungen erkennen Adverbialsätze
66	Weil es so heiß ist, bleiben wir im Haus	Attribute
69	Nomen/Substantive näher bestimmen	Attributarten unterscheiden
70	Adjektiv-, Genitiv-, Präpositionalattribut oder Apposition?	Attribut-/Relativsätze
71	Der Hund, der groß ist, bellt laut	Satzglieder
72	Teste dich selbst!	
74	**Richtig zu schreiben kann man lernen**	**Tipps für die Rechtschreibung**
74	Deutlich sprechen, genau hinhören	die Schreibweise heraushören
75	Verlängern und Wortverwandte suchen	die Schreibweise ableiten
77	„End-" oder „ent-"? „Wieder-" oder „wider-"?	die Schreibweise mithilfe der Bedeutung erklären
78	Auf Nummer sicher gehen	mit dem Wörterbuch arbeiten
80	„das" oder „dass"?	grammatisches Wissen anwenden
83	Hier hilft keine Regel	sich Merkwörter einprägen
86	Appell, barfuß, Charakter …	mit einer Wörterliste üben
87	Was muss ich üben?	Fehlerschwerpunkte erkennen
90	Teste dich selbst!	Tipps zur Rechtschreibung
92	**Mit und ohne Dehnungszeichen**	**lange Vokale richtig schreiben**
92	Wal, ohne, Meer …	verschiedene Schreibweisen langer Vokale üben
95	Meistens mit ie	Wörter mit langem i-Laut richtig schreiben
97	Teste dich selbst!	lange Vokale richtig schreiben
98	**Doppelte Konsonanten, ck und tz**	**kurze Vokale richtig schreiben**
98	Ball, Lippe, Schiff	Konsonanten verdoppeln
99	k und z werden nicht verdoppelt!	Wörter mit **ck** und **tz** richtig schreiben
101	Teste dich selbst!	kurze Vokale richtig schreiben
102	**Was man alles auch großschreibt**	**Groß- und Kleinschreibung**
102	Das Schöne, beim Laufen, ins Schwarze …	nominalisierte/substantivierte Wörter großschreiben
105	Teste dich selbst!	Groß- und Kleinschreibung
106	**Schreibt man das Wort mit s, ss oder ß?**	**s-Laute**
106	Meistens hörst du ein gesummtes **s**	Wörter mit einfachem **s** richtig schreiben
107	Hörst du einen langen oder kurzen Vokal?	Wörter mit **ss** und **ß** richtig schreiben
109	Teste dich selbst!	s-Laute
110	**Zusammen oder getrennt?**	**Verbindungen mit Verben**
110	Spazieren gehen, stehen bleiben …	Verbindungen aus zwei Verben
112	Rad fahren, Rasen mähen …	Verbindungen aus Nomen/Substantiv und Verb
113	Auf die Bedeutung kommt es an!	Verbindungen aus Adjektiv und Verb
114	Ankommen, zusammenschreiben, hinsehen …	Zusammensetzungen mit Verben
116	Teste dich selbst!	Verbindungen mit Verben

118	**Punkt, Komma, Fragezeichen**	**die Zeichensetzung beherrschen**
118	„Hallo!"/"Hello!"/«Salut!»/„Moien"	Zeichensetzung bei der wörtlichen Rede
120	Bennet, Anna, Sophie …	das Komma bei Aufzählungen
121	Er ruft, sie antwortet	das Komma in Satzreihen
122	Zwischen Hauptsatz und Nebensatz	das Komma in Satzgefügen
124	Teste dich selbst!	die Zeichensetzung beherrschen

125	**Extratraining Grammatik**	**der Imperativ und die Höflichkeitsform**
125	In der Küche	den Imperativ üben

128	**Extratraining Grammatik**	**Modalverben**
128	Mein Traumberuf	Modalverben erkennen und verwenden

131 Textquellenverzeichnis, Bildquellenverzeichnis

6 Die Energie der Sonne – mit Sachtexten umgehen

Wie Alligatoren Energie tanken – einen Sachtext erschließen

> **Das musst du wissen**
> - **Überfliege** den Text. Achte besonders auf **Bilder, Überschriften, Untertitel** oder **auffällige Textelemente** wie z. B. fett gedruckte Textstellen.
> - **Lies** dir den Text nun **aufmerksam** durch.
> - Suche dir **unbekannte Wörter** heraus. Versuche, ihre **Bedeutung aus dem Textzusammenhang** zu erschließen. Schlage möglicherweise in einem Wörterbuch nach.
> - **Gliedere** den Text in **Sinnabschnitte** und gib jedem Abschnitt eine passende **Überschrift**.
> - Hebe **das Wichtigste farblich** hervor. Unterstreiche Zusatzinformationen mit einem feinen schwarzen Stift oder mit Bleistift.
> - Notiere unter den Überschriften die **wichtigsten Informationen** der einzelnen Textabschnitte **in Stichworten am Textrand**.

Ina Rometsch
Sonnenanbeter

Was ist bloß los mit dem Tier? Seit einer Stunde schon liegt der Alligator völlig reglos an einem Wasserloch in den Everglades herum, einem Nationalpark ganz im Süden des US-Bundesstaates Florida. Nicht einmal die Ente, die dicht neben dem 400 Kilogramm schweren Jäger
5 gelandet ist, scheint ihn zu interessieren. Dabei watschelt der Vogel nun direkt vor seinem Maul auf und ab. Fast tanzt er ihm auf der schuppigen Nase herum. Nun schnapp doch zu! Beweg dich! Doch der Alligator kann einfach nicht. Sein Akku ist leer.

Was bei uns Menschen eine Redewendung ist, gilt für das Reptil wort-
10 wörtlich. Alligatoren funktionieren tatsächlich ganz ähnlich wie aufladbare Batterien. So wie jene mit Strom „betankt" werden müssen, brauchen auch Reptilien regelmäßig Sonnenenergie, um aktiv sein und überhaupt Appetit bekommen zu können.

Vögel und Säugetiere sind da ganz anders. Ihre Körper gleichen Hei-
15 zungen, die immer auf dieselbe Temperatur eingestellt sind. Rund 37 Grad Celsius sind es bei uns Menschen – egal, ob wir in der Sauna schwitzen oder im Eismeer baden gehen: Es wird einfach entsprechend gekühlt oder nachgeheizt.

Die Körpertemperatur der Alligatoren dagegen schwankt mit den Außengraden in den Everglades. Ganz passend werden sie darum wechselwarme Tiere genannt.

Um wieder in Bewegung zu kommen, muss der Alligator nun erst mal Energie tanken. Dabei kennt er einige Kniffe, um möglichst schnell auf 32 bis 35 Grad Körpertemperatur zu kommen – jene Temperatur, bei der seine Organe am besten funktionieren. Die Tiere können etwa besonders viel Blut unter den dicken Panzer pumpen, sodass die Wärme schnell vom Rücken in den gesamten Körper transportiert wird.

Zu warm wollen es die Sonnenanbeter allerdings nicht haben: Schon ab 40 Grad Körpertemperatur nämlich drohen ihnen Hitzeschock und Tod. Mit großer Kälte können sie da besser umgehen. Zum Glück! Denn in ihrem Verbreitungsgebiet, dem gesamten Südosten der USA, können die Temperaturen im Winter auch mal unter den Gefrierpunkt fallen.

Lange Zeit rätselten Wissenschaftler darüber, wie die Tiere solche frostigen Phasen überstehen. Bis man einigen von ihnen winzige Messgeräte unter die Haut pflanzte. Deren Daten verblüfften: Sobald die Seen zufrieren, ziehen sich die Reptilien unter die Eisdecke zurück und fahren ihre riesigen Körper auf einen extremen Energiespar-Modus herunter. Dabei sinkt die Körpertemperatur auf bis zu fünf Grad. Das Herz pocht nur noch wenige Male in der Minute und pumpt sauerstoffreiches Blut ausschließlich durch die überlebenswichtigen Organe wie Lunge oder Gehirn. Viele Muskeln oder der Magen sind dagegen ausgeschaltet.

Die Energie der Sonne – mit Sachtexten umgehen

1. Schreibt zu jedem Textabschnitt eine Zwischenüberschrift aus dem Kasten, die angibt, wovon der jeweilige Abschnitt handelt.

> Energiebereitstellung beim Alligator • Einfluss von Kälte und Hitze • Sonnenenergie ermöglicht Aktivität • Temperaturschwankungen bei wechselwarmen Tieren • Anpassung von Alligatoren bei Kälte • Regelung der Körpertemperatur bei Vögeln und Säugetieren • Ein Alligator in den Everglades

2. Überprüfe am Text, ob folgende Aussagen richtig oder falsch sind. Kreuze die richtigen an.

Aussage zum Text	richtig
Alligatoren gehören zur biologischen Klasse der Reptilien.	
Alligatoren meiden die Sonne.	
Säugetiere passen sich der Umgebungstemperatur an.	
Herz, Hirn und Lunge der Alligatoren arbeiten bei Kälte auf Sparflamme.	
Ab 40 Grad Körpertemperatur drohen Alligatoren der Hitzeschock und Tod.	

3. Bearbeite den Text mit Markierungen und Unterstreichungen. Mache dir auch Stichworte am Rand des Textes.

4. Gebt dann den Inhalt des Textes wieder, indem ihr folgende Fragen beantwortet.

a) In welchem Gebiet hat man das Verhalten von Alligatoren erforscht?

b) Welches Verhalten zeigt sich bei einem abgekühlten Alligator?

c) Wodurch unterscheiden sich wechselwarme Tiere von Säugetieren und Vögeln?

Die Energie der Sonne – mit Sachtexten umgehen

d) Wie schafft es ein Alligator, seine Körpertemperatur zu erhöhen?

e) Welche Anpassungserscheinungen zeigen sich bei einem Alligator, wenn die Außentemperatur extrem sinkt?

f) Durch welche wissenschaftliche Methode hat man die Anpassungserscheinungen der Alligatoren erforschen können?

10 Die Energie der Sonne – mit Sachtexten umgehen

Was ist ein Sonnenkollektor? – Einem Sachtext Informationen entnehmen

> **Das musst du wissen**
> - Um dein **Textverständnis zu überprüfen** und die Informationen besser zu verstehen und zu behalten, kannst du z. B. **Fragen zum Text beantworten** oder **richtige und falsche Aussagen unterscheiden**.
> - Das Wesentliche des Textes kannst du in einem **Schaubild**, einer **Mindmap** oder in Stichworten auf einer **Karteikarte** festhalten.

Erich Übelacker
Sonnenkollektoren

In der Wüste Sahara bekommt jeder Quadratmeter Boden jährlich 2 200 kWh Sonnenenergie, in Deutschland sind es nur etwa 1 000 kWh. Das ist aber kein Hindernis, diese umweltfreundliche und kostenlose Energie zu nutzen.

5 Das Prinzip ist einfach. Trifft Sonnenlicht auf einen dunklen Gegenstand, so erwärmt er sich stark. Dieser allgemein bekannte Effekt ist die Grundlage der Nutzung der Sonnenenergie mithilfe von Sonnenkollektoren.

Ein einfacher Sonnenkollektor funktioniert folgendermaßen: Eine
10 schwarze Platte aus Metall oder Kunststoff, der Absorber, wird von der Sonne beschienen und heiß. Er gibt die Wärme an eine Flüssigkeit ab. Diese strömt durch Röhren, welche in die Absorber-Platten eingebaut sind. Die Flüssigkeit kann dann zum Beispiel Wasser für den Haushalt aufheizen.

15 Moderne Flachkollektoren mit speziellen Beschichtungen verwandeln 95 Prozent des eingefangenen Sonnenlichts in Wärme. Dabei werden Temperaturen von über 80 Grad Celsius erreicht.

Die im Sonnenkollektorensystem erzeugte Wärme wird meistens nur zur Brauchwassererwärmung, also zum Waschen und Duschen ge-
20 nutzt. Im Sommer reicht die Sonnenenergie dazu aus, im Winter muss

Die Energie der Sonne – mit Sachtexten umgehen

das Wasser zusätzlich aufgeheizt werden, man braucht also
immer auch eine herkömmliche Heizung.

Eine Öl- oder Gasheizung produziert im Sommer besonders viele
Schadstoffe, da der Brenner immer nur für kurze Zeit anspringt und
25 nicht im günstigsten Bereich arbeitet. Gerade in dieser Zeit kann man,
wenn man Sonnenkollektoren auf dem Dach hat, die Heizung ganz ab-
stellen und schont die Umwelt.

1. Ordne die folgenden Überschriften den einzelnen Textabschnitten zu und schreibe sie auf die entsprechende Linie neben dem Abschnitt.

> Funktionsweise eines Sonnenkollektors • Nutzbare Menge der Sonnenenergie • Einsatzmöglichkeiten von Sonnenkollektoren • Energiegewinn durch Flachkollektoren • Umweltschutz durch Sonnenkollektoren • Grundprinzip der Sonnenenergienutzung

2. Arbeite die wichtigsten Informationen der einzelnen Textabschnitte heraus.
- Markiere dazu besonders wichtige Wörter und Textstellen farbig.
- Unterstreiche dazugehörige Zusatzinformationen mit einem feinen schwarzen Stift oder einem Bleistift.
- Halte das Wichtigste mithilfe von Stichworten neben den entsprechenden Textabschnitten am Textrand fest.

12 Die Energie der Sonne – mit Sachtexten umgehen

3. Überprüft euer Textverständnis, indem ihr entweder eine passende Frage oder Antwort formuliert.

Frage	Antwort
	In der Wüste Sahara 2 200 kWh und in Deutschland 1 000 kWh.
Nach welchem Grundprinzip funktioniert die thermische Sonnenenergienutzung?	
Wie viel Prozent Sonnenlicht verwandeln Flachkollektoren in Wärme?	
	Man pumpt Wasser durch schwarze Absorber-Platten.
Für was kann man Sonnenenergie im Sommer nutzen?	
	Dies geschieht, weil die Brenner nur für kurze Zeit anspringen und nicht im günstigsten Bereich arbeiten.
Wodurch kann man im Sommer die Umwelt schonen?	

4. Lies dir die Zeilen 9 bis 14 des Textes „Sonnenkollektoren" noch einmal aufmerksam durch. Stelle anschließend in deinem Heft die Funktionsweise eines Sonnenkollektors in einer farbigen Skizze dar. Beschrifte die einzelnen Elemente deiner Skizze mit den Begriffen aus dem Text.

Wann, wo, wie? – Adverbiale Bestimmungen beim Berichten nutzen

Das musst du wissen

- Wenn du jemandem von etwas berichten willst, musst du dich sehr genau ausdrücken. **Adverbiale Bestimmungen** sind ein Mittel, um genau zu formulieren. Sie sind **Satzglieder**, die die **näheren Umstände** eines Geschehens wiedergeben. Deshalb nennt man sie auch Umstandsbestimmungen. Du ermittelst sie mit folgenden Fragen:
  - Wann? adverbiale Bestimmung der **Zeit,**
  - Wo? Wohin? adverbiale Bestimmung des **Ortes,**
  - Wie? adverbiale Bestimmung der **Art und Weise,**
  - Warum? adverbiale Bestimmung des **Grundes,**
  - Womit? adverbiale Bestimmung des **Mittels.**
- Adverbiale Bestimmungen bestehen oft nur aus einem **Wort** oder einer **Wortgruppe**.

1. In dem folgenden Reisebericht sind einige adverbiale Bestimmungen unterstrichen. Ergänze in den Klammern jeweils das passende Fragewort und benenne die Art von adverbialer Bestimmung (Zeit, Ort, Art und Weise, Grund, Mittel).

Christina Dodwell (geb. 1951)
Eine gefährliche Flussüberquerung

Die Engländerin Christina Dodwell bricht 1980 zu einer zweijährigen Reise durch Papua-Neuguinea auf. Da es zwischen den einzelnen Stationen ihrer Reise oft keine festen Wege oder Straßen gibt, durchquert sie das Land zumeist zu Fuß oder im Kanu. Schon nach wenigen Tagen gelangt sie an einen Fluss, der Hochwasser führt. Einheimische vom Stamm der Hewa helfen ihr beim Überqueren des Flusses. In dem folgenden Auszug aus Christina Dodwells Reisebericht beschreibt sie dieses Abenteuer.

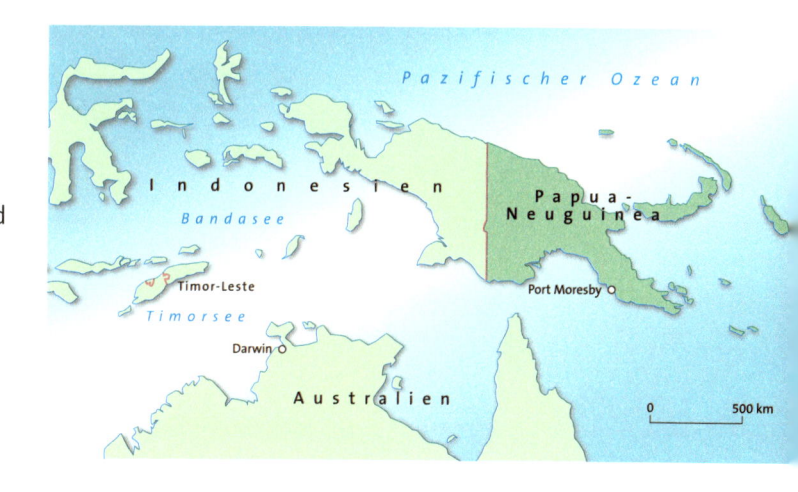

Kalte, lähmende Angst krampfte mir den Magen zusammen, kälter noch als das eisige

Gebirgswasser, das meine Beine umspülte. Wir stießen die Flöße ins Wasser

(_____). Schreie der Ermutigung dröhnten an meine Ohren,

als ich begann, um mein Leben zu schwimmen. Das jenseitige Ufer verschwamm in einem grü-

5 nen Nebel hinter tobendem, schlammigbraunem Wasser. Mit verzweifelter Entschlossenheit

(_____) stieß ich mich durch die Strömung, Wasser rauschte in meinen

Ohren, und meine Knöchel waren weiß von der Anstrengung, das Floß zu umklammern.

14 Von fernen Ländern – berichten

Trotz meiner heftigen Schwimmstöße wurde ich gnadenlos (_____)

flussabwärts (_____) gerissen und wusste, dass ich gegen die

10 Kraft des Flusses nichts ausrichten konnte. Meine Muskeln schmerzten, aber ich durfte nicht

nachgeben. Der Mann neben mir stieß immer noch ermunternde Rufe aus. Als wir uns der Mitte

des Flusses näherten, schlug meine Angst plötzlich (_____)

in das Gegenteil um: Ein Gefühl der Hochstimmung ergriff von mir Besitz. Wellen klatschten

über uns zusammen, und wir wurden in die auf und ab wogende Strömung

15 (_____) gezogen. Wohin mein Blick auch fiel, überall

(_____) stießen Himmel und Wasser zusammen – doch ich

ging nicht unter.

Das gegenüberliegende Ufer rückte langsam (_____) näher, aber

wenn ich meine Augen auf einen Punkt fixierte, verschwand er flussaufwärts

20 (_____), und aufs Neue wurde mir klar, wie schnell ich fluss-

abwärts (_____) getrieben wurde. Als ich daran dachte, dass die

Schlucht nicht mehr weit sein konnte, schwamm ich unter Aufbietung aller meiner Kräfte.

Ich gelangte schließlich in die Nähe des Ufers (_____), wo die

Strömung nicht mehr so reißend war, und ich schleppte mich mühsam (_____

25 _____) an Land. Vor Erschöpfung zitternd (_____) saß

ich da. Ich war zu kaputt, um mich über den Erfolg freuen zu können.

2. Erkläre, warum die adverbialen Bestimmungen für den Reisebericht von Christina Dodwell wichtig sind. Schreibe die Erklärung in dein Heft.

3. Die Autorin berichtet in diesem Text nicht immer sachlich. Markiere im Text Formulierungen, die ihre Gefühle ausdrücken.

4. Schreibe einen sachlichen Bericht über die Flussüberquerung, ohne die Gefühle der Reisenden auszudrücken.

Von fernen Ländern – berichten 15

5. In den folgenden Sätzen über Papua-Neuguinea fehlen adverbiale Bestimmungen und damit wichtige Informationen. Arbeite so mit den Sätzen:
- Ordne die passenden adverbialen Bestimmungen aus dem Wortspeicher unten den Sätzen zu.
- Schreibe die neuen Sätze auf; du kannst die Satzglieder dabei auch umstellen.
- Unterstreiche die adverbialen Bestimmungen.
- Schreibe in die Klammern unter den neuen Sätzen, welche Art von adverbialer Bestimmung du ergänzt hast.

Flagge von Papua-Neuguinea

a) Touristen in Papua-Neuguinea müssen vorsichtig sein. _____

_____

(adverbiale Bestimmung _____)

b) Man kommt am schnellsten voran. _____

_____

(adverbiale Bestimmung _____)

c) Kaffee wird angebaut. _____

_____

(adverbiale Bestimmung _____)

d) In einigen Monaten regnet es. _____

_____

(adverbiale Bestimmung _____)

e) Der Süden des Landes wurde von Großbritannien beherrscht. _____

_____

(adverbiale Bestimmung _____)

> ununterbrochen • früher • mit dem Flugzeug • wegen der giftigen Tiere • in einigen Teilen des Landes

Als ich dort ankam, ... – mithilfe von Adverbialsätzen genau berichten

> **Das musst du wissen**
> - **Adverbiale Bestimmungen** können auch die Form eines **Nebensatzes** haben; diese Nebensätze nennt man **Adverbialsätze**.
> - Adverbialsätze werden durch **Kommas** vom Hauptsatz abgetrennt.
> - Adverbialsätze werden in der Regel durch **Konjunktionen** eingeleitet, die auch anzeigen, um welche **Art von Adverbialsatz** es sich handelt; zwei häufig vorkommende Beispiele sind:
>   - Adverbialsätze der **Zeit (Temporalsätze)**; sie beginnen z. B. mit **als, nachdem, bevor, während**,
>   - Adverbialsätze des **Grundes (Kausalsätze)**; sie beginnen z. B. mit **weil** oder **da**.

1. Lies den Reisebericht von Christina Dodwell „Eine gefährliche Flussüberquerung" auf S. 13 f. und ergänze anschließend die folgenden Sätze:

a) Sie spürte lähmende Angst, als sie _____ .

b) Ihre einheimischen Begleiter schrien laut, weil sie _____ .

c) Sie wusste teilweise nicht mehr, wohin _____ .

d) Das Schwimmen fiel ihr schwer, weil ihre Muskeln _____ .

e) Außerdem war es gefährlich, da die Strömung _____ .

f) Die Strömung riss sie mit, obwohl sie _____ .

g) Ihre Stimmung wurde besser, als sie _____ .

h) Schließlich gelangte sie in die Nähe des Ufers, wo die Strömung _____ .

Von fernen Ländern – berichten 17

i) Sie bedankte sich bei ihren Helfern, nachdem sie _____

_____ .

j) Sie hätte die Überquerung des Flusses nicht geschafft, falls sie _____

_____ .

2. Kreise in den Sätzen aus Aufgabe 1 die Konjunktionen ein, die die Adverbialsätze einleiten.

3. Erkläre, warum die Adverbialsätze hier wichtig sind und welche Art von Informationen sie enthalten. Schreibe die Erklärung in dein Heft.

4. Verbindet die Hauptsätze links mit den passenden Adverbialsätzen. Ihr bekommt so wichtige Tipps für Reisen in Länder wie Papua-Neuguinea.

1. Wasserdichte und regensichere Kleidung ist wichtig.
2. Man muss Salz auf einen Blutegel streuen.
3. Touristen sollten Malaria-Tabletten einnehmen.
4. Die Verständigung kann manchmal schwierig sein.
5. In der Hauptstadt Port Moresby herrscht manchmal Wassermangel.
6. Man muss in der Regel mit dem Schiff reisen.
7. Die Stadt Rabaul wurde 1994 weitgehend zerstört.
8. Die Menschen in Papua-Neuguinea rechnen mit Naturkatastrophen.
9. Die Paradiesvögel Papua-Neuguineas sind beliebt und berühmt.

A obwohl es im Rest des Landes so viel regnet
B damit sie vor dieser Krankheit geschützt sind
C wenn man von ihm gebissen worden ist
D wenn man eine der vielen Inseln besuchen will
E weil das Klima sehr feucht ist
F da es über 700 verschiedene Sprachen in Papua-Neuguinea gibt
G weil sie ein farbenprächtiges Gefieder haben
H nachdem zwei Vulkane ausgebrochen waren
I da es immer wieder Erdbeben und Vulkanausbrüche gibt

Einheimische in Papua-Neuguinea

5. Schreibe die neuen Sätze in dein Heft, kreise die Konjunktionen ein und unterstreiche die Adverbialsätze. Denke daran, die Kommas zu setzen.

6. Berichte von einer Reise, die du z. B. mit deiner Klasse oder deiner Familie unternommen hast. Du kannst ein besonderes Ereignis oder Erlebnis auf dieser Reise auswählen. Benutze möglichst viele Adverbialsätze in deinem Bericht.

Eine winzige Fledermaus – Tiere mit Attributen beschreiben

Das musst du wissen

- Die **genauere Kennzeichnung eines Nomens/Substantivs** nennt man **Attribut (Beifügung)**. Durch diese Kennzeichnung wird das Nomen/Substantiv (Bezugswort) näher bestimmt. Attribute werden oft mithilfe von **Adjektiven** gebildet; man nennt diese Attribute deshalb **Adjektivattribute**.
- Attribute sind keine eigenständigen Satzglieder. Sie können nur gemeinsam mit ihrem Bezugswort umgestellt werden.
  Beispiel: eine winzige Fledermaus
  (Adjektivattribut) (Bezugsnomen)
- Du kannst Attribute meistens mit den **Fragen „Was für ein/eine …?"** oder **„Welche/welcher/welches …?"** erfragen.

1. Der folgende Text enthält mehrere Adjektivattribute. Unterstreiche die Adjektivattribute und kennzeichne das jeweilige Bezugsnomen mit einer Wellenlinie.

Die Zwergfledermaus

Die Zwergfledermaus ist eine kleine Fledermausart. Sie hat eine braune Oberseite und eine hellere Unterseite. Ihre kurzen Ohren sind wie ein Dreieck geformt. Sie wiegt so viel wie ein kleines Schokoladenstück, das sind ca. 4–8 Gramm. Da sie so ein winziges Tier ist, passt sie theoretisch in eine einfache Streichholzschachtel. Mit ihren Flügeln wirkt sie etwas größer. Trotzdem
5 hat sie eine geringe Spannweite von nur 1,8 bis 2,4 cm. Eine ähnliche Fledermausart ist die Mückenfledermaus. Da diese kleinen Fledermausarten sich sehr ähnlich sind, können unerfahrene Beobachter sie nur schwer auseinanderhalten.

Zwergfledermäuse und Porzellanleoparden – beschreiben

2. In dem folgenden Text fehlen die Adjektivattribute. Ergänze die passenden Wörter aus dem Wortspeicher.

Zwergfledermäuse überwintern gelegentlich in _____ Hohlräumen. Dort findet man _____ Fledermäuse. Es handelt sich oft um _____ Plätze, die mehr Schutz bieten. Aber auch in _____ Spalten leben Fledermäuse, dies aber meistens im Sommer, da diese Plätze nicht so gut vor Kälte geschützt sind. Sie nutzen außerdem _____ Hohlräume in Dächern oder _____ Verstecke in den _____ Wänden von Gebäuden, z. B. Spalten in _____ Verkleidungen. Die Zwergfledermaus jagt nachts und nutzt dafür gerne _____ Innenhöfe oder _____ Park- und Gartenanlagen, wo sie eine _____ Menge an Insekten findet.

Ihre Nahrung findet die Zwergfledermaus auch über _____ Teichen und _____ Seen. In etwa drei bis fünf Metern Höhe verfolgt sie in _____ Flügen ihre Beute wie z. B. Mücken oder Nachtfalter. Sie jagt aber nur selten im _____ Inneren von Wäldern, sondern eher entlang von Waldrändern und Waldwegen.

Zwergfledermäuse werden in der zweiten Junihälfte geboren und wiegen unter zwei Gramm. Die _____ Zwergfledermäuse beginnen nach vier Wochen mit den ersten Ausflügen. Noch _____ Jungtiere verirren sich schon einmal durch _____ Fenster in Wohnungen.

> ausreichende • schnellen • offene • unterirdische • sichere • kleinen • hölzernen • ruhige • kleine • trockenen • unerfahrene • grüne • größeren • überirdischen • jungen • äußeren • zahlreiche • dunklen

Die Fledermaus – mit Relativsätzen ein Tier genau beschreiben

Das musst du wissen
- Auch **Relativsätze** zählen zu den **Attributen**. Mit ihnen kannst du, wie mit einem Adjektivattribut, ein Nomen/Substantiv näher bestimmen.
- **Relativsatz** als Attribut (Attributsatz):
  Beispiel: *Fledermäuse, die es in vielen unterschiedlichen Arten gibt, kommen auf der ganzen Welt vor.*
- Beachte auch die **Zeichensetzung**: Relativsätze werden durch **Kommas** vom Hauptsatz abgetrennt.

1. In den folgenden Sätzen gibt es jeweils einen Relativsatz. Unterstreiche in den Sätzen die Relativsätze und kreise die Bezugsnomen ein.

a) Fledermäuse, die es seit über 50 Millionen Jahren in Deutschland gibt, sind hier zum Teil vom Aussterben bedroht.

b) Forscher, die sich mit Fledermäusen beschäftigen, unterscheiden viele Hundert verschiedene Arten.

c) Die Zwergfledermaus, die u. a. in Norddeutschland heimisch ist, ist eine von über 20 in Deutschland zu findenden Arten.

d) Eine der Ursachen, die für das Aussterben von Fledermäusen verantwortlich ist, ist Nahrungsmangel.

e) Da viele Insekten, von denen sich die Fledermäuse ernähren, durch Insektenvernichtungsmittel getötet werden, finden die Fledermäuse nicht mehr genug Nahrung.

f) Jede Nacht brauchen die Fledermäuse Insektennahrung und fressen Mengen, die etwa ein Drittel ihres eigenen Körpergewichts ausmachen.

g) Die Fledermaus, die je nach Art zwischen 4 und 16 cm groß wird, kann bis zu 25 Jahre alt werden.

2. Verbinde die folgenden Hauptsätze so zu einem Satzgefüge aus Haupt- und Relativsatz, wie es in dem Beispiel gezeigt wird:
Beispiel: Fledermäuse halten Winterschlaf. Der Winterschlaf kann bis zu 6 Monate dauern.
Fledermäuse halten Winterschlaf, der bis zu 6 Monate dauern kann.

Zwergfledermäuse und Porzellanleoparden – beschreiben

a) Auf dem Speiseplan der Fledermäuse stehen fast ausschließlich Insekten. Die Fledermäuse leben in Deutschland.

b) Die Fledermäuse fressen Nachtfalter und Mücken. Die Fledermäuse fliegen fast lautlos durch die Nacht.

c) Die Insekten sind heute oft auch eine Gefahr für die Fledermäuse. Die Insekten sind mit Pflanzenschutzmitteln und Chemikalien belastet.

d) Bei der Jagd verlässt sich die Fledermaus auf ihren Gehörsinn. Die Jagd findet nachts statt.

e) Die Fledermaus kann nur am Tag verhältnismäßig gut sehen. Die Fledermaus kann sehr gut hören.

f) Die Fledermaus findet ihre Beute mithilfe von Ultraschalllauten. Die Ultraschalllaute werden durch den Mund oder die Nase ausgestoßen.

3. Unterstreiche in den neuen Sätzen aus Aufgabe 2 die Relativsätze und kreise die Bezugsnomen ein.

4. Vergleiche deine neuen Sätze aus Aufgabe 2 mit den jeweiligen Ausgangssätzen. Welche Formulierung ist besser? Warum?

Das Braune Langohr – ein Tier beschreiben

Das musst du wissen

Wenn du ein **Tier beschreiben** willst, solltest du folgende **Hinweise** beachten:
- Beschreibe möglichst **anschaulich** das **Aussehen** des Tieres. Jemand, der das Tier nicht sieht, muss es sich gut vorstellen können.
- In der Regel verfasst du die Tierbeschreibung **sachlich** und im **Präsens**.
- Achte auf eine klare **Gliederung**.
- Oft ist es interessant, nicht nur das Aussehen des Tieres, sondern auch **weitere Informationen** (z. B. Lebensraum, Nahrung, Verhalten, besondere Eigenschaften oder Fähigkeiten, Nutzen für den Menschen) zu berücksichtigen.
- Du kannst deine Tierbeschreibung durch Bilder ergänzen, um sie noch anschaulicher zu machen.

Ein Braunes Langohr im Jagdflug

1. Übernehmt die folgende Tabelle, die Informationen über das Braune Langohr enthält, in eure Hefte und vervollständigt sie. Wichtige Informationen zum Aussehen eines Braunen Langohrs könnt ihr dem Bild entnehmen.

Das Braune Langohr		
Aussehen	Kopf: Ohren, Augen, Nase	Knopfaugen; Ohren: …
	Körperbau, Größe	Länge ca. 4 – 5 cm, …
	Gewicht	ca. 4,6 – 11,3 Gramm
	Flügel	Spannweite ca. 2,4 – 2,8 cm; Form: …
	Fell/Haut, Farbe	…
Nahrung	Tag- und Nachtfalter, Raupen, Spinnen	
Lebensraum	Jagdgebiet: Laub- und Mischwälder, Parks, Gärten, Friedhöfe	
	Winter: Höhlen, Stollen, Schächte, Keller (Winterschlaf)	
	Sommer: Baumhöhlen, Dachböden, Spalten in und an Gebäuden	

2. Verfasse eine zusammenhängende und vollständige Tierbeschreibung des Braunen Langohrs.

3. Informiere dich über weitere Fledermausarten und stelle sie in der Klasse vor. Informationen hierzu findest du auf der folgenden Internetseite:
www.nabu.de/tiereundpflanzen/saeugetiere/fledermaeuse/wissen/

Zwergfledermäuse und Porzellanleoparden – beschreiben 23

Leoparden aus Porzellan –
einen Gegenstand beschreiben

Das musst du wissen

Wenn du einen Gegenstand beschreibst, sollte deine Beschreibung möglichst **anschaulich, genau und vollständig** sein.

Die folgenden Tipps können dir helfen:
- Du kannst z. B. **Aussehen, Größe, Farbe, Form, Material, Verwendungszweck** oder **besondere Kennzeichen** des Gegenstands beschreiben.
- Verwende **Fachausdrücke,** z. B. bei technischen Geräten.
- Passende **Vergleiche** machen die Beschreibung anschaulicher.
- Schreibe **sachlich** und im **Präsens.**
- Halte eine klare **Reihenfolge** ein, z. B. vom Gesamtaussehen zu den Einzelteilen, dann von oben nach unten, von vorne nach hinten, von links nach rechts (oder umgekehrt).

Leopardenfiguren aus China (Material: Porzellan; Zeit des Kaisers Kangxi, ca. 1720), angeboten bei einer Kunstauktion im Jahr 2011

1. Kreuze in der Tabelle auf dieser und der nächsten Seite an, ob die Sätze über die beiden im Bild zu sehenden Leopardenfiguren richtig oder falsch sind.

Aussage	richtig	falsch
1. Die beiden Leopardenfiguren stammen aus Asien.		
2. Sie wurden von einem Bildhauer aus Marmor hergestellt.		
3. Sie sind ca. 300 Jahre alt.		
4. Die Leoparden werden schlafend dargestellt.		
5. Das Maul und die Augen sind geschlossen.		

24 Zwergfledermäuse und Porzellanleoparden – beschreiben

Aussage	richtig	falsch
6. Die Reißzähne im Ober- und Unterkiefer sind zu sehen.		
7. Das Fell ist durchgehend schwarz dargestellt.		
8. Die Zungenspitze kommt zwischen den unteren Reißzähnen hervor.		
9. Die Ohren liegen eng am Kopf an.		
10. Die beiden Figuren sehen gleich aus.		

2. Vervollständigt den Stichwortzettel zu den beiden Leopardenfiguren.

Leopardenfiguren

Herkunft: _____

Alter: entstanden ca. _____ (Zeit des chinesischen Kaisers Kangxi)

Material: _____

Farben: Fell _____ mit _____ Punkten, Pfoten _____

Maße: 99 cm lang

Körperhaltung: _____

Kopf: Ohren _____

Kopfform: _____

Augen: _____

Maul/Zähne: _____

Beine/Pfoten: _____

mögliche Verwendung: _____

3. Verfasse eine vollständige Beschreibung der Leopardenfiguren.

Die Bahnfahrt – Eine Inhaltsangabe zu einer Kurzgeschichte verfassen

Das musst du wissen

- In die Einleitung einer Inhaltsangabe gehören folgende Angaben: **Textsorte** (z. B. Roman, Kurzgeschichte, Ballade usw.), **Titel des Textes, Autor, Entstehungszeit** und **eine kurze Angabe, worum es in dem Text inhaltlich geht**.
- Im Hauptteil wird die Handlung **möglichst knapp**, aber **übersichtlich** und **vollständig** dargestellt. Beachte dabei folgende Punkte:
  - Gib die **wichtigsten Geschehnisse** in einer **sinnvollen Reihenfolge** wieder.
  - Beschränke dich auf das **Wesentliche**. Verzichte auf die Darstellung von Einzelheiten.
  - Gib den Inhalt mit **eigenen Worten** wieder. Verzichte dabei auf die Wiedergabe eigener Gefühle und Wertungen. Achte darauf, **sachlich** zu formulieren.
  - Verwende **keine wörtliche** (direkte) **Rede**. Gib sie durch die indirekte Rede oder Umschreibungen wieder.
  - Schreibe im **Präsens**.

Guy Helminger
Die Bahnfahrt (2001)

„Ich bin berühmt", sagte er in die Gruppe von Schülerinnen hinein, die an der Tür in der Straßenbahn stand. Und keines von den Mädchen wusste, wen der Junge meinte, welches von ihnen er angesprochen hatte. An den Fenstern schlierten die Häuserreihen vorbei; schwüles, lichtnas-
5 ses Gemäuer klatschte ans Glas. Der Junge aber war ihnen gleich beim Einsteigen aufgefallen. Sie hatten gelacht, herumgealbert, den Jungen mit keinem Wort erwähnt, aber allen war klar, dass er neben ihnen stand. Sie redeten laut, sie redeten über Lehrer Schippan, der beim Sprechen wieder gesprudelt und gespuckt hatte, sodass Andy in der ersten
10 Reihe den Regenschirm aufgespannt hatte, aber eigentlich redeten sie über den Jungen, schielten in seine Richtung.

Guy Helminger, luxemburgischer Schriftsteller, 1963 in Esch-sur-Alzette geboren

Eine kurzatmige Frauenstimme schnitt aus den Lautsprechern in ihr Gespräch, verteilte sich in gleichmäßigen Abständen in der Bahn. Fahrgäste zogen sich von ihren Sitzplätzen, schaukelten auf die Tür zu. Für einen Moment, eine Woge von Gesichtern tänzelte hinter ihnen, verloren die
15 Schülerinnen den Jungen aus dem Blick. Gefleckte Hemden; ein feuchter Geruch schwappte auf sie zu. Irgendwo dahinter war der Junge. Dann sprühten Bremsgeräusche unter ihnen, und eines der Mädchen verzog den Mund, bis die Bahn endlich hielt. Kleider wischten an ihnen vorbei, und das Mädchen, das den Mund verzogen hatte, klemmte die Daumen zwischen seinen Fingern ein. Die anderen schauten nach draußen auf die verkerbten Bänke der Haltestelle und nickten.
20 Sie waren sich nicht sicher, was sie erwarteten, aber etwas würde passieren. Dann schloss sich die Tür wieder, und wie aus einem Leib lachten die Mädchen los.
Der Junge war nicht ausgestiegen, hielt sich an der Metallstange neben der gegenüberliegenden Tür fest und sah zu ihnen herüber.
„Meint ihr, es gibt gleich Regen?", sagte eine der Schülerinnen zu den anderen und lehnte ihre
25 Wange ans Türglas, um nach oben sehen zu können.
„Ich bin berühmt", wiederholte der Junge mit gebrochener, aber deutlicher Stimme.
Die umstehenden Fahrgäste, die seinen Satz gehört hatten, schauten weg. Auch die Mädchen

schwiegen erneut, blickten den Jungen von der Seite an, sahen zu Boden. Als die Bahn ruckartig anfuhr, spürten sie deutlich, dass sich etwas verändert hatte. Aber keines von ihnen hätte sagen können, was es war. Vereinzelt drifteten hellgraue Wolken über Dächer; das Kitzeln im Hals, in den Kiefermuskeln, das sie zum Lachen gebracht hatte, war nicht mehr zu spüren. Durch die schmalen, aufgeklappten Fensterluken streifte der Wind über ihre Gesichter. Die Luft tat gut, und doch kam es ihnen vor, als seien die Windstöße etwas zu kalt für diese Jahreszeit. Eine der Schülerinnen öffnete ihre Mappe und kramte darin herum, ohne etwas Bestimmtes zu suchen. Dann schloss sie sie wieder und sah an den Freundinnen vorbei auf einen Punkt weit hinten im Wagen. Auch die anderen Mädchen richteten ihre Augen auf Gegenstände zwischen den Sitzreihen, glitten über Taschen, zogen sich an Plastiktüten hoch. Das Kitzeln kam nicht wieder. Die Lippen einiger Fahrgäste öffneten sich, aber die Schülerinnen hörten nichts. Nur das Klingeln der Bahn drang einmal zu ihnen durch, gefolgt von einem erneuten Rucken.

„Da schläft wieder jemand auf den Schienen", sagte eines der Mädchen hastig, aber keine der Freundinnen lachte oder antwortete ihm. Draußen schwammen noch immer dieselben Wolken. „Da!", sagte die, die den Mund verzogen hatte, und schüttelte den Kopf. Aber niemand wusste, ob sie die Regenwolken meinte oder den Jungen, der sich nun nicht mehr festhielt, sondern breitbeinig direkt vor ihnen stand. Er sah noch immer in ihre Mitte. Wen schaut er an?, dachten sie und spürten, dass der Luftzug, der schwächer wurde, ihnen eine Gänsehaut um die nackten Arme legte. Zwei von ihnen drehten dem Jungen demonstrativ den Rücken zu, stellten sich an die Tür, als wollten sie an der nächsten Haltestelle aussteigen, und blickten sich an. Die, die rechts stand, verdrehte dabei die Augen. Die andere grinste und sah, wie der Himmel sich nun mit unglaublicher Geschwindigkeit völlig zuzog, wie eine Masse aus Anthrazit über die Stadt rollte, über die Bäume strudelte und das Licht aus den Straßen nahm.

„Über mich wirst du morgen etwas in der Zeitung lesen", sagte der Junge, und die, die ihre Augen verdreht hatte, hielt die Luft an. Etwas riet ihr, sich nicht umzudrehen, nicht ins Düstere des Wagens zu blicken, auf keinen Fall auf diese billige Anmache einzugehen. Was hatte sie im ersten Moment an diesem Jungen gefunden? Ihr Blick folgte dem wirbelnden Spiel über den Häusern. Abgedunkelt griffen Luftmassen ineinander, bauschten sich auf zu einem weiten Körper, rissen wieder auf und fransten mit lichtvertrockneten Schrammen zwischen den Hausgiebeln. „Lass uns bald ankommen", sagte das Mädchen leise. Die, die links von ihr stand, warf ihr einen ängstlichen Blick zu. Dann starrten beide wieder nach draußen auf die vorbeiklappernden Bürgersteige. Liefen die Menschen in ihre Häuser?

In den schwarzen Feldern am Himmel vergrößerten sich unerwartet die Risse. Sonne fächerte plötzlich wieder über die Sitze, verdunstete, dann verkeilte sich ein Strahl an der Tür.

„Kommt doch kein Regen", sagte das Mädchen. Da trat eine ihrer Freundinnen auf den Jungen zu. Vielmehr drehte sie nur den Oberkörper, ohne einen Schritt zu machen, blickte ihm ins lächelnde Gesicht und sagte es ihm.

„Hör auf damit", sagte sie. „Du hast sowieso keine Chance bei uns; wir haben alle schon mal was Besseres gesehen."

Einen Moment lang war es, als ob jedes Geräusch in der Bahn abgestorben, das Ohr taub geworden wäre, unempfindlich für das leiseste Kratzen der Räder auf den Schienen. Flecken befielen die Gesichter. Die dunklen Flächen über den Gärten lösten sich in kleine Parzellen auf, stießen sich ab und glitten auseinander. Erstaunt über seine eigene Stimme starrte das Mädchen, nachdem es verstummt war und ihm nichts mehr einfallen wollte, was es seinen Worten noch hätte hinzufügen können, in das Gesicht des Jungen.

Lichtgeflimmer tummelte sich in dessen Augen. Über seine Stirn hing eine Strähne; sein Gesicht aber erkannte sie kaum, jedenfalls genauso wenig, wie sie die ungläubigen Blicke ihrer Freundinnen wahrnahm, die zwischen dem Jungen und ihr hin- und hersprangen. Dann tauchten wieder Fahrtgeräusche auf; sekundenlanges Abhören der Räder, bis eine von ihnen erneut das unnachgiebige Kitzeln in ihren Wangen spürte und zu kichern begann. Ein leichtes Vibrieren griff um sich, fasste in die blassen Gesichter. Einige Hände bedeckten Nase und Mund. Etwas pumpte hinter den Wangen.

80 Dann klatschte doch noch der erste Regentropfen gegen das Türglas, und das Mädchen, das dem Jungen die Meinung gesagt hatte, blickte in die halb verdeckten Gesichter seiner Freundinnen und grinste. Keine von ihnen gab etwas drauf, dass die anderen Fahrgäste in ihre Richtung schielten. Der Regen schlug einige Male in dicken Tropfen gegen die Fenster, dann waren am Glas wieder die hellen Reflexe des Nachmittags zu sehen.

85 Und auch der Junge schien in diese Heiterkeit einstimmen zu wollen, grinste zurück, nickte freundlich mit dem Kopf, während seine Augen glasig die Lichter von draußen auffingen. Dann griff er in seine Jeansjacke, zog eine Pistole aus der Tasche und schoss dem Mädchen ins Gesicht.

1. Gliedert die Kurzgeschichte in Abschnitte und fasst den Inhalt in einer Überschrift oder einem Satz zusammen. Übernehmt dazu die folgende Tabelle in euer Heft und vervollständigt sie.
Tipp: Die Kurzgeschichte lässt sich sinnvoll in sechs Textabschnitte gliedern.

Zeile 1 – 11	Ein Junge spricht eine Gruppe von Mädchen in der Straßenbahn an und sagt, er sei berühmt.
Zeile 12 – ...	

2. Beantwortet folgende Fragen, um das Schreiben einer Inhaltsangabe vorzubereiten:

a) **Wo** spielt das erzählte Geschehen?

b) **Wann** geschieht das Erzählte?

c) **Welche Figuren** kommen in der Kurzgeschichte vor?

Der Text handelt von ... – Inhalte wiedergeben

3. Worum geht es in der Kurzgeschichte „Die Bahnfahrt" von Guy Helminger? Erkläre dies mit einem oder zwei Sätzen.

_____

_____

_____

4. Verfasse nun die Einleitung zu einer Inhaltsangabe und schreibe sie in dein Heft.

5. Schreibe dann den Hauptteil einer Inhaltsangabe zu der Kurzgeschichte in dein Heft.

6. Die Kurzgeschichte kann man auf verschiedene Arten und Weisen verstehen. Begründe jeweils, ob du die folgenden Aussagen für richtig oder falsch hältst:

- Die Mädchen haben sich falsch verhalten, da sie sich über den Jungen lustig gemacht haben. (Anna)
- Die Kurzgeschichte zeigt das typische Schicksal eines Außenseiters. (Jonas)
- Ich denke, die Kurzgeschichte soll dem Leser eher zeigen, wie viel Gewalt auch in einem eigentlich harmlosen Moment steckt. (Noah)
- Meiner Meinung nach ist die ganze Kurzgeschichte völlig sinnlos. So etwas passiert in der Realität nicht. (Zoe)

7. Welche Aussage- und Wirkungsabsichten hat die Kurzgeschichte deiner Meinung nach? Erläutere und begründe diese.

_____

_____

_____

_____

_____

_____

_____

_____

Der Text handelt von ... – Inhalte wiedergeben 29

„Selina mag den Stefan sehr" – den Inhalt von Gedichten wiedergeben

> **Das musst du wissen**
> Um den Inhalt eines Gedichts zusammenzufassen, geht man wie folgt vor:
> 1. **Einleitung:**
>   Nenne den Autor, die Textsorte, die Überschrift und das Thema des Gedichts.
> 2. **Hauptteil:**
>   Beschreibe zuerst die Form (Reimschema, Verse, Strophen) des Gedichts und gib dann seinen Inhalt Strophe für Strophe mit deinen Worten wieder.
> 3. **Schluss:**
>   Schreibe zum Schluss deine eigene Meinung zu dem Gedicht auf. Erkläre z. B., was dir an dem Gedicht gefällt und was dir nicht gefällt.

Manfred Mai (geb. 1949)
Der erste Schritt

Selina mag den Stefan sehr,
sie schaut hin,
er schaut nicht her.

Seit einer Woche geht das schon,
5 da greift sie
zum Telefon.

Selina ruft den Stefan an,
das hat sie
noch nie getan.

10 Sie denkt bei sich: So sieht er nicht
wie rot ich bin
im Gesicht.

Doch dafür sieht sie sein Gesicht,
das auch so rot ist,
15 leider nicht.

1. Erschließt den Inhalt des Gedichts, indem ihr folgende Fragen beantwortet:

   a) Warum ruft Selina Stefan an?

   _____

   _____

   _____

Der Text handelt von ... – Inhalte wiedergeben

b) Wie fühlt sich Selina, als sie mit Stefan telefoniert, und was denkt sie bei dem Gespräch?

_____

_____

_____

c) Was sieht Selina nicht, während sie mit Stefan telefoniert?

_____

_____

_____

d) Was bedeuten die letzten beiden Worte „leider nicht"?

_____

_____

_____

e) Warum lautet der Titel des Gedichts „Der erste Schritt"?

_____

_____

_____

2. Gib den Inhalt des Gedichts in Form eines Textes mit Einleitung, Hauptteil und Schluss wieder. Schreibe die Inhaltsangabe in dein Heft. Du kannst so beginnen:

In dem Gedicht von _____ mit dem Titel

_____ geht es um ein Mädchen, das sich traut,

einen Jungen anzurufen, in den sie sich verliebt hat. Das Gedicht besitzt fünf

_____, die aus je drei _____ bestehen.

Der erste und dritte Vers jeder Strophe _____ sich.

Am Anfang des Gedichts erfährt der Leser, dass ...

„Er hat uns gerettet ..." – den Inhalt von Balladen wiedergeben

> **Das musst du wissen**
> - Schreibe zuerst einen **Einleitungssatz**, in dem du die **Textsorte**, den **Titel**, den **Autor** und das **Erscheinungsjahr** der Ballade benennst. Lege dann kurz dar, worum es in der Ballade geht.
> - Gib dann das **Geschehen strophenweise mit deinen Worten** wieder.
> - Schreibe im **Präsens** und formuliere **sachlich**, indem du auf Gefühle, eigene Wertungen und die Erzeugung von Spannung verzichtest.

Die folgende Ballade „John Maynard" ist eine der bekanntesten des deutschen Dichters Theodor Fontane. Er schrieb sie 1886, nachdem er durch ein Gedicht eines amerikanischen Autors die Geschichte um John Maynard kennengelernt hatte.

Theodor Fontane

Theodor Fontane (1819 – 1898)
John Maynard (1886)

1

John Maynard!

        „Wer ist John Maynard?"

„John Maynard war unser Steuermann,
Aus hielt er, bis er das Ufer gewann,
Er hat uns gerettet, er trägt die Kron',
Er starb für uns, unsere Liebe sein Lohn.
        John Maynard."

9

Sie lassen den Sarg in Blumen hinab,
Mit Blumen schließen sie das Grab,
Und mit goldner Schrift in den Marmorstein
Schreibt die Stadt ihren Dankspruch ein:
„Hier ruht John Maynard! In Qualm und Brand
Hielt er das Steuer fest in der Hand,
Er hat uns gerettet, er trägt die Kron',
Er starb für uns, unsere Liebe sein Lohn.
        John Maynard."

1. Dies sind die erste und die letzte Strophe der Ballade „John Maynard".
Was erfahrt ihr in den beiden Strophen über John Maynard und darüber, wovon die Ballade handelt?

Der Text handelt von ... – Inhalte wiedergeben

2. Beantworte die Frage des Mädchens, das vor dem Denkmal John Maynards steht.

Warum steht hier ein Gedenkstein für John Maynard?

_____
_____
_____
_____
_____
_____
_____
_____

3. Im Folgenden sind die restlichen Strophen der Ballade über John Maynard abgedruckt.
- Stellt die ursprüngliche Reihenfolge der Strophen wieder her.
- Nummeriert dazu die einzelnen Strophen.

Tipp: Achtet dabei auch auf die Zeitangaben in den letzten Versen der Strophen.

○ Alle Herzen sind froh, alle Herzen sind frei –
Da klingt's aus dem Schiffsraum her wie Schrei,
„Feuer!" war es, was da klang,
Ein Qualm aus Kajüt' und Luke drang,
Ein Qualm, dann Flammen lichterloh,
Und noch zwanzig Minuten bis Buffalo.

Kajüte: Schlaf- und Wohnraum auf Schiffen
Luke: Ein- und Ausstieg
Buffalo: Zielhafen des Schiffes (Stadt in Nordamerika)

○ „Noch da, John Maynard?" Und Antwort schallt's
Mit ersterbender Stimme: „Ja, Herr, ich halt's!"
Und in die Brandung, was Klippe, was Stein,
Jagt er die „Schwalbe" mitten hinein.
Soll Rettung kommen, so kommt sie nur so.
Rettung: der Strand von Buffalo.

ersterbend: allmählich aufhörend, endend
Brandung: an Küste brechende Wellen
Klippe: Felsblock an der Küste
Schwalbe = Name des Radschiffdampfers, den John Maynard steuert.

○ Der Zugwind wächst, doch die Qualmwolke steht,
Der Kapitän nach dem Steuer späht,
Er sieht nicht mehr seinen Steuermann,
Aber durchs Sprachrohr fragt er an:
„Noch da, John Maynard?"
    „Ja, Herr. Ich bin."
„Auf den Strand! In die Brandung!"
    „Ich halte darauf hin."
Und das Schiffsvolk jubelt: „Halt aus! Hallo!"
Und noch zehn Minuten bis Buffalo. –

Der Text handelt von ... – Inhalte wiedergeben   33

○ Die „Schwalbe" fliegt über den Eriesee,
Gischt schäumt um den Bug wie Flocken von Schnee;
Von Detroit fliegt sie nach Buffalo –
Die Herzen aber sind frei und froh,
Und die Passagiere mit Kindern und Fraun
Im Dämmerlicht schon das Ufer schaun,
Und plaudernd an John Maynard heran
Tritt alles: „Wie weit noch, Steuermann?"
Der schaut nach vorn und schaut in die Rund':
„Noch dreißig Minuten ... Halbe Stund'."

Eriesee: viertgrößter See Nordamerikas
Gischt: spritzendes, schäumendes Wasser
von Detroit nach Buffalo: Strecke des Radschiff-dampfers (Städte in Nordamerika)

○ Und die Passagiere, buntgemengt,
Am Bugspriet stehn sie zusammengedrängt,
Am Bugspriet vorn ist noch Luft und Licht,
Am Steuer aber lagert sich's dicht,
Und ein Jammern wird laut: „Wo sind wir? wo?"
Und noch fünfzehn Minuten bis Buffalo. –

Bugspriet: vorderster Bereich eines Schiffs

○ Das Schiff geborsten. Das Feuer verschwelt.
Gerettet alle. Nur *einer* fehlt!

bersten: gewaltsam auseinanderbrechen
schwelen: ohne sichtbare Flammen brennen

○ Alle Glocken gehn; ihre Töne schwell'n
Himmelan aus Kirchen und Kapell'n,
Ein Klingen und Läuten, sonst schweigt die Stadt,
Ein Dienst nur, den sie heute hat:
Zehntausend folgen oder mehr,
Und kein Aug' im Zuge, das tränenleer.

4. Gebt den Inhalt der einzelnen Strophen in Stichworten wieder. Vervollständigt dazu die folgende Tabelle.

Strophe	Inhalt in Stichworten
Strophe 1	Man fragt: Wer ist John Maynard? Es wird geantwortet:
Strophe 2	Die „Schwalbe" fährt von Detroit nach Buffalo, die Passagiere sind guter Stimmung; sie fragen ...
Strophe 3	Feuer bricht in der Kajüte aus;

Der Text handelt von ... – Inhalte wiedergeben

Strophe 4	Alle Passagiere laufen zum Bugspriet;
Strophe 5	Der Kapitän sieht den Steuermann wegen des Qualms nicht mehr. Er kontaktiert ihn ...
Strophe 6	Ein weiteres Mal fragt der Kapitän, ob der Steuermann noch da sei;
Strophe 7	
Strophe 8	Die Passagiere und die Menschen aus der Stadt trauern um den Steuermann;
Strophe 9	Der Steuermann wird beerdigt; die Menschen gedenken des Steuermanns mit ...

5. Schreibe eine Inhaltsangabe zu der Ballade „John Maynard" in dein Heft. Folgende Formulierungen kannst du dabei benutzen:

Die Ballade ... von ... handelt von einem Steuermann, der ...

Zu Beginn der Ballade erfährt man ..., bevor in den folgenden Strophen seine Geschichte erzählt wird:

Die Passagiere der „Schwalbe" sind ... Innerhalb der nächsten zehn Minuten ... Mit letzter Kraft ...

Am Ende erweist die ganze Stadt ...

„Wahre Abenteuer …" – den Inhalt eines Sachtextes wiedergeben

Das musst du wissen

- Lies dir den Sachtext aufmerksam durch. **Gliedere** ihn dann in **Sinnabschnitte** und formuliere für jeden Abschnitt eine passende **Überschrift**. **Markiere das Wichtigste** farbig und notiere die wichtigsten Informationen mit Stichworten am Textrand.
- Formuliere einen **Einleitungssatz**, wenn du den Inhalt eines Sachtextes in Form einer Inhaltsangabe wiedergibst. Gib die **Überschrift**, die **Textsorte** (z. B. Bericht, Zeitungsartikel, Rede), das **Datum der Veröffentlichung** und den **Verfasser** an, soweit dir diese Angaben bekannt sind. Lege dann kurz dar, worum es in dem Sachtext geht (= **Thema**/Problem des Textes).
- Gib dann den **Inhalt Sinnabschnitt für Sinnabschnitt** zusammenfassend und genau wieder.
- Formuliere in **eigenen Worten** und **sachlich**. Vergiss nicht, das **Präsens** zu benutzen.

1. Lies zuerst den folgenden Artikel aus der Onlineausgabe der Zeitung „Luxemburger Wort" sorgfältig durch.

wort.lu
Urlaub zuhause: Abenteuer-Tourismus in Luxemburg (4. September 2013)

(DL) – Wahre Abenteuer kann man nur im Urlaub im fernen Ausland erleben? Von wegen! Denn auch in dieser Hinsicht hat das kleine Großherzogtum so einiges zu bieten. Hier unsere Tipps für drei erlebnisreiche Tage in Luxemburg.

Tag eins beginnen wir an der Mosel, genauer genommen in Ehnen. Von dort aus begeben wir uns auf eine Entdeckungstour der besonderen Art: Wir mieten uns einen Oldtimer-Traktor, der uns in den nächsten Stunden durch die Höhen des „Miselerland" führen wird. Das Steuer in die Hand nehmen darf jeder, der einen gültigen Führerschein besitzt – und auch Kinder ab einem Meter Körpergröße sind herzlich willkommen. Insgesamt dürfen drei Personen auf einem der zu vermietenden Traktoren Platz nehmen.

Mit 20 Stundenkilometern geht es von Ehnen aus bis nach Greiveldingen. Von dort aus fahren wir mit unserem „Oldie" nach Bous, weiter über Assel, Rolling und Erpeldingen bis nach Ellingen/Dorf. Die „Traktour" bringt uns anschließend über Elvingen durch die historische Birnenallee bis nach Remerschen und ins Naturreservat „Haff Remich".

Dort angekommen, legen wir einen kleinen Zwischenstopp ein und kühlen uns in den beliebten Baggerweihern ab. Dem Besucher stehen hier zahlreiche Möglichkeiten offen: Rudern, Surfen, Tretboot fahren – oder aber einfach nur ein bisschen planschen bzw. in der Sonne bräunen.

Zurück auf unserem Oldtimer-Traktor fahren wir anschließend weiter durch die wunderschöne Landschaft. Vorbei an den Weinbergen geht es nach Schwebsingen, über Bech-Kleinmacher, Remich und Stadtbredimus zurück nach Ehnen, wo wir den Tag zum Beispiel bei einer Weinverkostung in einer der vielen Privatkellereien ausklingen lassen.

An Tag zwei geht es etwas sportlicher zu. Den Vormittag verbringen wir nämlich im „Parc Le'h Adventures" in Düdelingen. Bequeme Kleidung und Turnschuhe anziehen, in den ausgeliehenen Klettergurt schlüpfen, eine kurze Einführung vom Personal und los geht's: Klettern, springen, skaten, Tarzan spielen und vieles mehr ist zwischen den Bäumen möglich.

Insgesamt stehen sieben Strecken zur Auswahl, die sich in ihrem jeweiligen Schwierigkeitsgrad (ähnlich wie bei Skipisten) unterscheiden. Somit bietet der Park spannende Möglichkeiten für Groß und Klein. Der „Bambini"-Parcours zum Beispiel kann bereits von Zweijährigen bewältigt werden, während beim „Schauder-Parcours" sogar der Großteil der erfahrenen Kletterer scheitert.

Nachmittags begeben wir uns derweil auf Schatzsuche – beim sogenannten Geocaching. Wir können gleich vom „Parc Le'h Adventures" aus starten, gibt es doch im nahen Umkreis mehr als zehn verschiedene Verstecke („Caches"). Beim Geocaching handelt es sich um ein weltweit von mehr als vier Millionen Menschen praktiziertes Spiel. Dabei geht es darum, mithilfe eines GPS-Geräts (oder eines Smartphones) und anhand von geografischen Koordinaten den von anderen Spielteilnehmern versteckten „Cache" zu finden – und den darin enthaltenen Gegenstand durch etwas von gleichem Wert zu ersetzen.

Der Text handelt von … – Inhalte wiedergeben 37

_____

Die Koordinaten erhält man bei der Einschreibung auf der offiziellen Online-Plattform. Auf einer großen Karte erfährt man, wo es im Großherzogtum überall versteckte „Caches" gibt. Hat man Letzteren nach einer mehr oder minder schwierigen Suche gefunden (oder auch nicht), so trägt man dies nach der Rückkehr nach Hause auf dem Portal ein – und bewertet den „Cache".
55 Auch hier gibt es übrigens unterschiedliche Schwierigkeitsgrade – was das Versteck anbelangt, aber auch die Route, die dorthin führt. Gelegentlich muss man sich nämlich ganz schön anstrengen, um überhaupt erst zum Versteck zu gelangen …

_____

An Tag drei geben wir nochmal so richtig Gas. Wir fahren in den schönen Norden unseres Landes, genau genommen nach Clerf. Dort mieten wir uns ein Mountainbike, diejenigen, die noch
60 etwas mitgenommen vom Vortag sind, greifen einfach auf ein E-Mountainbike zurück.
Für geübte Biker geht es anschließend bei einer geführten Tour über Stock und Stein – und über Höhen und Tiefen. Auf Wald- und Forstwegen fahren wir z. B. über 40 bis 45 Kilometer von Clerf aus nach Weicherdingen, Drauffelt, Marnach und wieder zurück nach Clerf. Zugegeben – dabei handelt es sich angesichts des Höhenunterschieds von zirka 1 200 Metern um eine schon
65 recht anspruchsvolle Tour.

_____

Wo könnten wir unsere drei abenteuerlichen Tage besser ausklingen lassen als beim Wellness? Zahlreiche Hotels in der Umgebung warten mit einem großen Angebot an Entspannungsmöglichkeiten auf – und dort lassen wir uns nun abschließend so richtig verwöhnen.

2. Markiere in jedem Abschnitt die Schlüsselbegriffe und die wichtigsten Informationen.

3. Zu jedem Abschnitt passt eine der folgenden Überschriften. Schreibe sie auf die dafür vorgesehenen Linien.

> Entspannung, der verdiente Lohn • Zwischenstopp im Naturreservat • Schatzsuche in der Natur • Über Stock und Stein • Entdeckungstour der besonderen Art • Hochseilakt für Jung und Alt • Spaß für Geübte und Unerfahrene gleichermaßen

4. Notiert zu jedem Absatz Stichworte, die das Wesentliche wiedergeben.
- Tragt diese Stichworte in die folgende Tabelle ein.
- So erhaltet ihr einen Schreibplan, mit dessen Hilfe ihr anschließend eine Inhaltsangabe zu dem Sachtext verfassen könnt.

wort.lu: Urlaub zuhause: Abenteuer-Tourismus in Luxemburg	
Abschnitt 1 (Z. 4 – Z. 9)	

38 Der Text handelt von ... – Inhalte wiedergeben

wort.lu: Urlaub zuhause: Abenteuer-Tourismus in Luxemburg	
Abschnitt 2 (Z. 10 – Z. 32)	
Abschnitt 3 (Z. 33 – Z. 41)	
Abschnitt 4 (Z. 42 – Z. 50)	
Abschnitt 5 (Z. 51 – Z. 57)	
Abschnitt 6 (Z. 58 – Z. 65)	
Abschnitt 7 (Z. 66 – Z. 68)	

5. Schreibe den Einleitungssatz einer Inhaltsangabe zu diesem Sachtext. Sieh dir vorher noch einmal die Hinweise dazu in der Lernbox auf S. 35 an.

In dem Artikel der Onlineausgabe der Zeitung „Luxemburger Wort" ... _____

_____

_____

_____

_____

6. Verfasse jetzt den Hauptteil der Inhaltsangabe zu dem Sachtext. Beachte dabei wieder die Hinweise in der Lernbox auf S. 35 und schreibe den Hauptteil zusammen mit deinem Einleitungssatz in dein Heft.

Freizeitaktivitäten ... – ein Diagramm erschließen

Das musst du wissen

Die Beschreibung und Auswertung eines Diagramms gliedert sich in drei Teile:
- In der **Einleitung** nennst du die **Art des Diagramms** (Kurven-, Säulen-, Balken- oder Tortendiagramm), die **Überschrift**, das **Jahr der Veröffentlichung**, die **Quelle** und den **Verfasser** bzw. Herausgeber. Dann gibst du das Thema des Diagramms an, indem du kurz erklärst, worüber das Diagramm informiert.
- Im **Hauptteil** beschreibst du den **Aufbau des Diagramms**. Gib z. B. an, welche **Angaben** die **x-Achse**, die **y-Achse** sowie die **einzelnen Balken**, Säulen, Kurven oder Tortenteile enthalten. Beschreibe die angegebenen **Werte im Überblick und/oder** gehe auf besonders **wichtige Einzelergebnisse** ein.
- Im **Schlussteil** legst du **zusammenfassend** dar, welche **zentralen Angaben** das Diagramm enthält und welche **Schlussfolgerungen** du aus den Informationen des Diagramms ziehst.

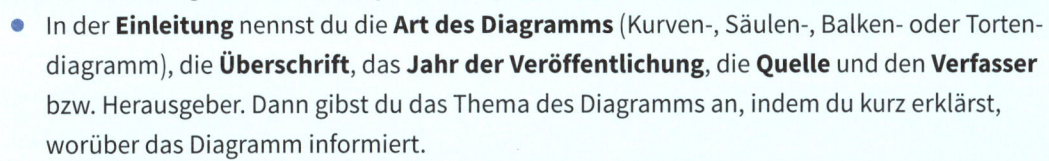

Das folgende Diagramm stammt aus der wissenschaftlichen Studie „Das Wohlbefinden der Jugendlichen in Luxemburg", die das *Ministère de la Santé* und das *Ministère de l'Education nationale, de la Formation professionnelle et des Sports* im Jahr 2002 herausgegeben haben:

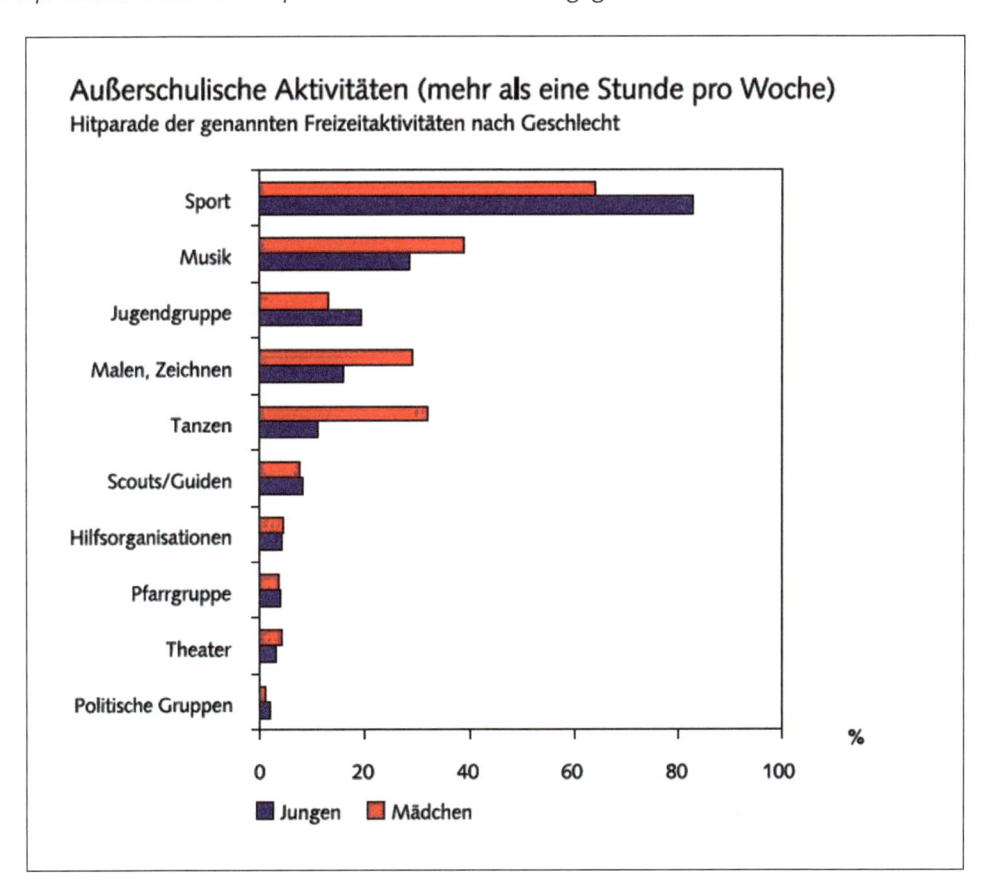

Außerschulische Aktivitäten (mehr als eine Stunde pro Woche)
Hitparade der genannten Freizeitaktivitäten nach Geschlecht

(Balkendiagramm mit Aktivitäten: Sport, Musik, Jugendgruppe, Malen/Zeichnen, Tanzen, Scouts/Guiden, Hilfsorganisationen, Pfarrgruppe, Theater, Politische Gruppen; Angaben in %; Legende: Jungen, Mädchen)

1. Beschreibt das Diagramm und wertet es aus. Klärt dazu folgende Fragen:

a) Worüber informiert das Diagramm? Seht euch dazu genau die Überschrift an:

_____

_____

Der Text handelt von ... – Inhalte wiedergeben

b) In welchem Zusammenhang wurde das Diagramm von wem in welchem Jahr veröffentlicht?

_____

_____

_____

c) Welche Informationen enthalten die einzelnen Balken? Erklärt dabei auch, welche Angaben die senkrechte und die waagerechte Achse darstellen und welche Bedeutung die rote und blaue Farbe bei den Balken haben.

_____

_____

_____

_____

d) Was zeigen die ersten fünf Balkenpaare im Vergleich mit den zweiten fünf Balkenpaaren über das Freizeitverhalten von Mädchen und Jungen in Luxemburg? Haltet eure Ergebnisse in Stichworten fest.

_____

_____

_____

_____

2. Gib zusammenfassend an, welches die zentralen Aussagen des Diagramms sind und welche Schlussfolgerungen du aus dem Diagramm ziehst.

_____

_____

_____

_____

3. Verfasse auf der Grundlage deiner Ergebnisse der Aufgaben 1 und 2 in deinem Heft eine schriftliche Beschreibung und Auswertung des Diagramms. Lies dazu zunächst noch einmal die Hinweise in der Lernbox auf S. 39.

Auf die Sichtweise kommt es an – Aktiv und Passiv   41

Wer oder was steht im Mittelpunkt? – Aktiv- und Passivformen erkennen

Das musst du wissen
- Wenn bei einer Handlung der **Handelnde** oder **Ausführende** im Mittelpunkt steht, benutzt man meistens das **Aktiv**.
  Beispiel: *Die Klasse 7a unternimmt eine Klassenfahrt.*
- Verwendet man das **Passiv**, steht der **Vorgang** oder das **Geschehen** im Mittelpunkt. Dabei kann der Handelnde genannt werden oder nicht.
  Beispiel: *Über das Ziel der Fahrt wird diskutiert./Über das Ziel der Fahrt wird von der ganzen Klasse diskutiert.*
- Das Passiv wird gebildet durch eine **Form von werden** und dem **Partizip II** (z. B. *vorbereitet, geplant, abgesprochen*).
  Beispiel: *Die Fahrt wird geplant. Die Fahrt wurde geplant.*

1. Kennzeichne in dem Text alle Verbformen, die im Aktiv und Passiv stehen, mit zwei verschiedenen Farben.

Abenteuerliche Erlebnisse für mehr Klassengemeinschaft

Für Schülergruppen, die eine Klassenfahrt unternehmen wollen, werden verschiedene erlebnispädagogische Programme angeboten. Dabei erleben die Schüler neue, spannende Situationen und meistern unterschiedliche Herausforderungen, die nur gemeinsam, als Team, bewältigt werden können. So klettern die Kinder und Jugendlichen an Kletterwän-
5 den oder in freier Natur, bauen Brücken und Flöße, die anschließend auch ausprobiert werden, oder planen Wald- und Geländespiele. Außerdem können auch spannende Nachtaktionen durchgeführt oder ungewohnte Stadtabenteuer erlebt werden. Durch besondere
10 Programme wird die Kommunikation verbessert, die Klassengemeinschaft wird gefördert und das Selbstbewusstsein der einzelnen Schüler wird gestärkt.

Auf die Sichtweise kommt es an – Aktiv und Passiv

Ich suche → ich werde gesucht – vom Aktiv ins Passiv umformen

> **Das musst du wissen**
> Bei der **Umformung vom Aktiv ins Passiv** wird das **Akkusativobjekt des Aktivsatzes** (Frage: Wen oder was?) zum **Subjekt des Passivsatzes** (Frage: Wer oder was?).
>
> *Akk.-Obj.   Subjekt*
> **Beispiel:** *Der Klassenlehrer organisiert **die Fahrt**. → **Die Fahrt** wird (vom Klassenlehrer) organisiert.*

1. Ermittelt in den folgenden Sätzen mithilfe der Kasusfrage „Wen oder was?" das Akkusativobjekt und unterstreicht es.

a) Die abenteuerliche Klassenfahrt stärkt den Zusammenhalt der Schülerinnen und Schüler.
b) Die Kinder unternehmen eine Menge spannender und herausfordernder Aktionen.
c) Dabei machen alle wichtige Erfahrungen, die sie auch im weiteren Leben brauchen können.
d) In ungewohnten Situationen erweitern die Kinder eigene Grenzen und steigern so ihr Selbstwertgefühl.
e) Bei allen Übungen beachten die Betreuer strengstens die nötigen Sicherheitsmaßnahmen.
f) Vor allem legen die Schüler bei Kletteraktionen in luftiger Höhe die Sicherheitsgurte an und die Betreuer kontrollieren sorgfältig den richtigen Halt.
g) Die Betreuer ermutigen zögernde Schüler, zwingen aber ängstliche Kinder nicht zum Mitmachen.
h) Als Bekleidung sollten die Schüler Sportbekleidung und feste Schuhe mitbringen.
i) Hochhackige Schuhe, teuren Schmuck und andere Wertgegenstände sollten alle besser zu Hause lassen.

2. Forme die Sätze von Aufgabe 1 dann vom Aktiv ins Passiv um. Schreibe sie in dein Heft. Erfrage nun das Subjekt in den Passivsätzen in deinem Heft und unterstreiche es.

3. Forme die folgenden Passivsätze in Aktivsätze um und schreibe sie ebenfalls in dein Heft.
a) Ein 28-jähriger Mann wurde von der Polizei festgenommen.
b) Ihm wird von einem Juwelier schwerer Einbruch vorgeworfen.
c) Seit dem Einbruch wurde nach ihm von der Polizei gefahndet.

Die Klassenfahrt wird geplant/wurde geplant/ ist geplant worden ... – die Tempusformen im Passiv bilden

Das musst du wissen

Das Passiv wird im Präsens, Präteritum und Futur I durch eine Form des Verbs *werden* und das Partizip II eines Verbs (z. B. *besorgt, gelaufen, aufgestellt*) gebildet. Im Perfekt und Plusquamperfekt wird das Passiv durch eine Form des Verbs *sein* (z. B. *ist, war*) und das Partizip II eines Verbs gebildet.

	Aktiv	Passiv
Präsens	Ich *plane* eine Fahrt.	Eine Fahrt **wird** (von mir) **geplant**.
Präteritum	Ich *plante* eine Fahrt.	Eine Fahrt **wurde** (von mir) **geplant**.
Perfekt	Ich *habe* eine Fahrt *geplant*.	Eine Fahrt **ist** (von mir) **geplant worden**.
Plusquamperfekt	Ich *hatte* eine Fahrt *geplant*.	Eine Fahrt **war** (von mir) **geplant worden**.
Futur I (im Passiv selten!)	Ich *werde* eine Fahrt *planen*.	Eine Fahrt **wird** (von mir) **geplant werden**.

1. Ergänze jeweils den fehlenden Satz und unterstreiche die Tempusformen.

	Aktiv	Passiv
Präsens	Ich suche mein Deutschbuch.	
Präteritum		Mein Deutschbuch wurde von mir gesucht.
Perfekt	Ich habe mein Deutschbuch gesucht.	
Plusquamperfekt	Ich hatte mein Deutschbuch gesucht.	
Futur I	Ich werde mein Deutschbuch suchen.	

2. Schreibt aus dem folgenden Text alle Verbformen heraus, die im Passiv stehen. Bestimmt dann die Tempusform (Zeitform) der Passivformen.
Beispiel: ist diskutiert worden (Perfekt)

Unsere abenteuerliche Klassenfahrt

Die Klasse 7b der Gesamtschule Waldhain hat in diesem Jahr eine besonders tolle Klassenfahrt gemacht. Zuerst ist über das Programm der Fahrt diskutiert worden. Nachdem einige eher langweilige Vorschläge von fast allen abgelehnt worden waren, wurde dann das „Team-Erlebnis-

44 Auf die Sichtweise kommt es an – Aktiv und Passiv

Programm" einstimmig angenommen. Daher fuhren wir in
5 die Jugendherberge „Waldsee" in Gruselbach, von der dieses Programm seit einigen Jahren angeboten wird. Bei unserer Anreise wurden wir von den Herbergseltern freundlich empfangen. Obwohl vor der Fahrt von manchen Eltern noch Einwände wegen der angeblich gefährlichen Aktio-
10 nen gemacht worden waren, stellten wir bald beruhigt fest, dass wir immer sorgfältig gesichert wurden. In diesen drei Tagen führten wir vor allem spannende Kletteraktionen durch, die alle hinterher in der Gruppe besprochen wurden. Wir machten aber auch einige Geländespiele und eine
15 Walderkundung bei Nacht. Insgesamt ist die Fahrt von allen Teilnehmern sehr gut angenommen worden, auch die eher kritischen Eltern sind überzeugt worden.

3. In den folgenden Sätzen fehlen die Prädikate; diese sollen im Passiv stehen. Bilde aus den eingeklammerten Infinitiven die Passivformen in der richtigen Zeitform und schreibe sie in die Lücken.

a) Die Klassenfahrt _____ von zwei Lehrern _____

(begleiten/Präsens).

b) Ein halbes Jahr vorher _____ sie vom Klassenlehrer sorgfältig

_____ (planen/Perfekt).

c) Weil das Programm früherer Fahrten oft _____

(kritisieren/Plusquamperfekt), _____ viele Kataloge

_____ (wälzen/Präteritum) und Angebote _____

(prüfen/Präteritum).

d) Während der Aktionen _____ die Schüler dann vom Lehrer

_____ (begleiten/Präsens).

e) Nach den aktiven Phasen _____ die Erfahrungen der Schüler

gemeinsam _____ (besprechen/Präsens).

f) Aufgrund der positiven Erfahrungen _____ solche Programme in

Zukunft sicher noch häufiger _____

(nutzen/Futur I).

Nomen/Substantiv, Verb, Adjektiv ... – Wortarten kennen

Das musst du wissen

- **Nomen/Substantive:** Sie bezeichnen Lebewesen, Gegenstände, Vorgänge und Zustände und werden immer großgeschrieben.
- **Artikel:** Sie sind **Begleiter** des Nomens/Substantivs und zeigen das grammatische Geschlecht (Genus) an. Man unterscheidet zwischen **bestimmten** und **unbestimmten** Artikeln *(der Jäger, das Tier, die Feuerstelle, ein Jäger, ein Tier, eine Feuerstelle)*.
- **Verben:** Sie bezeichnen Tätigkeiten *(jagen, sammeln, graben)*.
- **Adjektive:** Sie bezeichnen die Eigenschaften eines Nomens/Substantivs *(der schnelle Jäger, ein wildes Tier, die warme Feuerstelle)*.
- **Personalpronomen:** Sie können Nomen/Substantive ersetzen *(Die Jäger erlegen ein Tier. Sie erlegen ein Tier)*.
- **Possessivpronomen:** Sie begleiten fast immer Nomen/Substantive und zeigen den Besitz oder die Zugehörigkeit an *(Die Frauen sammeln Vorräte. Es sind ihre Vorräte)*.

1. Ordne die Wörter des Textes in das entsprechende Fach des Sammelkastens ein. Nutze dafür ggf. auch dein Heft.

Steinzeitmenschen führten ein schweres Leben. Sie besaßen einfache Jagdwerkzeuge. Das Material ihrer Geräte war Stein. Die wilden Tiere lieferten Nahrung, Kleidung, Werkzeuge, Schmuck. Die Frauen sammelten Nüsse, Pilze, Honig, Beeren, Eier, Gräsersamen. Sie gruben Wurzeln aus, fingen Fische, legten die lebenswichtigen Vorräte an. Mittelpunkt des Lagers war die Feuerstelle. Ein Wächter betreute das kostbare Feuer. Seine Aufgabe bedeutete eine große Verantwortung.

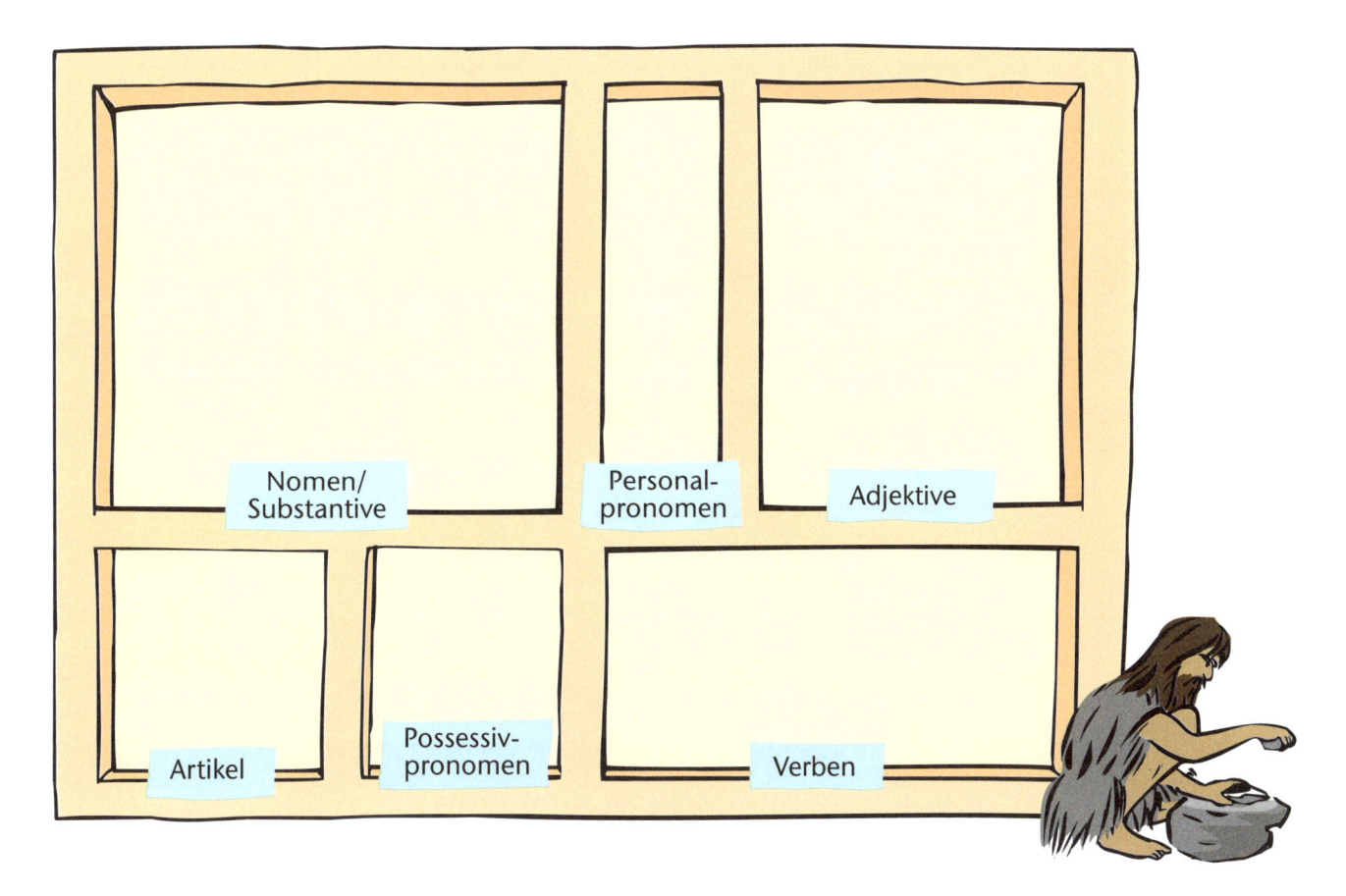

Der Hund, des Hundes, dem Hund … – Nomen/Substantive deklinieren

Das musst du wissen

Nomen/Substantive verändern zusammen mit dem Artikel oder anderen Begleitern ihre Form, je nachdem, in welchem Kasus (Fall) sie stehen.

	Singular (Einzahl)			Plural (Mehrzahl)
	Maskulinum	Femininum	Neutrum	
1. Fall: Nominativ *Wer oder was?*	der Pokal	die Muschel	das Gefäß	die Kostbarkeiten
2. Fall: Genitiv *Wessen?*	des Pokals	der Muschel	des Gefäßes	der Kostbarkeiten
3. Fall: Dativ *Wem?*	dem Pokal	der Muschel	dem Gefäß	den Kostbarkeiten
4. Fall: Akkusativ *Wen oder was?*	den Pokal	die Muschel	das Gefäß	die Kostbarkeiten

1. Schreibt den Kasus (Fall) der unterstrichenen Ausdrücke von S. 47 oben in die dafür vorgesehenen Klammern.

Beispiel: Die Abbildung (1. Fall, Nominativ) zeigt das Gemälde (4. Fall, Akkusativ) „Kunst- und Wunderkammerschrank" von Domenico Remps aus dem 17. Jahrhundert.

Domenico Remps: Scarabattolo (Kunst- und Wunderkammerschrank), 1675

a) Reiche Leute (_____) sammelten seltene Gegen-

stände (_____) und stellten sie in solchen Möbel-

stücken aus.

b) Dieser Schrank (_____) zeigt dem Betrachter

(_____) unter anderem einen Totenschädel

(_____).

c) Bei seinem Anblick wollte sich der wohlhabende Besitzer (_____

_____) seines vergänglichen Lebens (_____)

erinnern.

d) Solche Dekorationen (_____) sind uns

(_____) heute eher fremd.

2. Vervollständige die Tabelle und setze die Nomen/Substantive von Ausstellungsstücken aus dem Kunstkammerschrank in die vier Fälle.

	Singular			Plural
	Käfer	**Feder**	**Messer**	**Bilder**
1. Fall: Nominativ				
2. Fall: Genitiv		der Feder		
3. Fall: Dativ			dem Messer	den Bildern
4. Fall: Akkusativ	den Käfer			

3. Zeichne in deinem Heft eine Tabelle wie bei Aufgabe 2 und setze die Nomen/Substantive *Spiegel, Koralle* und *Gemälde* im Singular mit ihren unbestimmten Artikeln in die vier Fälle.

Ich gehe, ich ging ... – Zeitformen bilden

Das musst du wissen
Die Tempusformen

Plusquamperfekt	Präteritum	Perfekt	Präsens	Futur
Zeitform der Vergangenheit	Zeitform der Vergangenheit	Zeitform der Vergangenheit	Zeitform der Gegenwart	Zeitform der Zukunft
Es wird ausgedrückt, dass sich etwas noch vor dem im Präteritum erzählten Geschehen ereignet hat.	Es wird ausgedrückt, dass etwas vergangen ist.	Es wird deutlich gemacht, dass das vergangene Geschehen noch in die Gegenwart hineinreicht und auf den Sprecher oder Schreiber wirkt.	Es wird meistens ausgedrückt, dass etwas in diesem Augenblick geschieht oder dass etwas zu jeder Zeit gültig ist.	Es wird ausgedrückt, dass ein Geschehen in der Zukunft abläuft.
Beispiel: *ich **war gegangen**, ich **hatte gespielt***	Beispiel: *ich **ging***	Beispiel: *ich **bin gegangen**, ich **habe gespielt***	Beispiel: *ich **gehe***	Beispiel: *ich **werde gehen***

Vergangenheit ← → Gegenwart → Zukunft

1. Unterstreiche die Verben der folgenden Sätze:

    a) Max' Zimmer wirkt wie ein kleines Museum.

    b) Auf Regalen, in Vitrinen und sogar auf dem Fensterbrett hat er seine schönsten Fossilien ausgebreitet.

    c) Max sammelte schon immer mit Begeisterung.

    d) Bevor er in der Grundschule Wiesenkräuter und Blumen für eine kleine botanische Sammlung presste, hatte er schon Muscheln, Schneckenhäuser und Federn gesammelt.

    e) In den Ferien am Meer lief er dafür den ganzen Tag am Strand umher und schleppte, nicht immer zur Freude seiner Eltern, Tüten voll Sammelobjekte nach Hause.

    f) Nachdem er die Muscheln und Schneckenhäuser gewaschen hatte (sie stinken sonst erbärmlich!), stellte er sie in Setzkästen in seinem Zimmer aus.

g) Das schönste Stück aus der damaligen Zeit, eine große Kammmuschel, liegt noch immer auf Max' Schreibtisch.

h) In ihr bewahrt er seine Büroklammern auf.

i) Auch das Album mit den Kräutern und Blumen steht noch immer in seinem Regal.

j) Am Wochenende wird er aber wieder zum Steinbruch in der Nähe aufbrechen.

k) Versteinerungen sind ja seine neueste Sammelleidenschaft.

l) Vielleicht werden es in einigen Jahren Mineralien sein, die findet Max nämlich auch sehr gut.

2. Ordne die Verben von Aufgabe 1 den Zeiten *Plusquamperfekt*, *Präteritum*, *Perfekt*, *Präsens* und *Futur* zu.

Plusquamperfekt	Präteritum	Perfekt	Präsens	Futur
			wirkt	

Ich bin gefahren, ich war gefahren – Perfekt und Plusquamperfekt kennen

Das musst du wissen
- Das Perfekt wird häufig beim **mündlichen Erzählen** verwendet.
- Es wird mit einer Personalform von *haben* oder *sein* im Präsens und dem Partizip II gebildet.
  Beispiel: *ich **bin** gefahren; ich **habe** gepflückt*
- Das Plusquamperfekt wird mit der Personalform von *haben* oder *sein* im Präteritum und dem Partizip II gebildet.
  Beispiel: *ich **war** gefahren; ich **hatte** gepflückt*

1. Setze die Verben in den Klammern ins Perfekt und ergänze den Text.

Renata interessiert sich für Blumen und Gräser und will von Max wissen, wie sie gepresst werden. Max erklärt es ihr:

„Zuerst ____habe____ ich die frischen Blumen und Gräser auf eine doppelte Zeitungsseite ____gelegt____ (legen). Dabei _____ ich sorgsam _____ (vorgehen), damit nichts abknickt und die Blüten schön offen bleiben. Danach _____ ich eine zweite doppelte Zeitungsseite darauf _____ (ausbreiten). Auf die Zeitung _____ ich dann viele dicke Bücher _____ (schichten), je mehr, desto besser. Nach zwei Wochen _____ ich die Blumen und Gräser vorsichtig aus der Zeitung _____ (lösen), auf ein weißes Albumblatt _____ (kleben) und ihren Namen sauber darunter _____ (aufschreiben). Zum Geburtstag _____ mir meine Eltern dann eine richtige Presse

_____ (schenken). Dazu _____ sie extra

nach Bielefeld _____ (fahren), weil man bei uns so etwas

nicht kaufen kann."

2. Unterstreiche die Verben des folgenden Textes, die im Präteritum stehen, mit einer einfachen Linie und die Verben, die im Plusquamperfekt stehen, mit einer doppelten Linie.

Einbruch ins Schirmmuseum

Dröppeldorf. Am Montagabend brach ein Mann ins Schirmmuseum ein. Nachdem der Täter ein Fenster im Erdgeschoss eingeschlagen hatte, drang er in das kleine Museum vor und nahm mehrere
5 Schirme aus ihren Vitrinen. Darunter war auch ein ungewöhnlicher Schirm aus dem 18. Jahrhundert, den die Museumsbesitzerin und Schirmsammlerin erst vor wenigen Wochen gekauft hatte. Weil Passanten die eingeschlagene Fensterscheibe bemerkt
10 hatten, alarmierten sie die Polizei. Diese konnte den Eindringling noch im Museum überraschen, weil er von der Betrachtung der Schirme völlig in Anspruch genommen war. Bei der Befragung stellte sich heraus, dass er der Vorbesitzer des seltenen
15 Schirmes aus dem 18. Jahrhundert gewesen war. Er bereute den Verkauf und wollte sich seinen ehemaligen Besitz zurückholen. Die Museumsbesitzerin, selbst leidenschaftliche Sammlerin, sah von einer Anzeige ab.

Ich, du, er, sie, es ... – Pronomen verwenden

Das musst du wissen

- Das **Personalpronomen** (persönliches Fürwort) kann ein **Nomen/Substantiv ersetzen** (*Tom* ist in seinem Element – *Er* ist in seinem Element).
- Die Personalpronomen sind: *ich, du, er, sie, es (Singular); wir, ihr, sie (Plural)*.
- **Possessivpronomen** sind fast immer Begleiter eines Nomens/Substantivs und zeigen den Besitz oder die Zugehörigkeit an.
- Die Possessivpronomen sind: *mein, dein, sein, ihr (Singular); unser, euer, ihr (Plural)*.
- **Demonstrativpronomen** weisen auf eine Person, einen Gegenstand oder einen Sachverhalt hin. Zu ihnen gehören: *der, die, das; dieser, diese, dieses; jener, jene, jenes; derjenige, diejenige, dasjenige; derselbe, dieselbe, dasselbe; solcher, solche, solches*.

1. Bestimme die unterstrichenen Pronomen und schreibe die richtige Bezeichnung in die rechte Spalte. Verwende folgende Abkürzungen: Pers. (= Personalpronomen), Poss. (= Possessivpronomen), Dem. (= Demonstrativpronomen).

Suche auf dem Flohmarkt

Familie Sucher ist etwas ungewöhnlich, alle <u>ihre</u> Mitglieder sind leidenschaft-   *Poss.*

liche Sammler. Die Mutter sammelt alte Silberlöffel und stellt <u>sie</u> in einer

Glasvitrine aus. <u>Ihr</u> Mann hat ein großes Regal voll Kochbücher. <u>Er</u> ist Koch

von Beruf und immer auf der Suche nach neuen Rezepten. <u>Seine</u> besten Ge-

5 richte stammen oft aus handgeschriebenen Kochbüchern.

<u>Solche</u> Raritäten sind aber schwer zu finden. Lili, die Tochter, liebt

Pinguine und sammelt Pinguinfiguren. In

einem Setzkasten hat <u>sie</u> <u>ihre</u> Sammlung

untergebracht. Und <u>ihr</u> Bruder

10 Sebastian besitzt eine Sammlung alter Co-

mics. <u>Diese</u> sind bei vielen Sammlern sehr

begehrt und entsprechend teuer. Am Wo-

chenende gehen die Suchers gern zum

Flohmarkt. Dort stöbern <u>sie</u> stundenlang

¹⁵ nach „Schnäppchen". „Heute habe ich diesen kleinen Pinguin gekauft", _____

strahlt Lili. Die anderen machen nicht so fröhliche Gesichter: „Wir hatten heu- _____

te kein Glück", gibt der Vater zu und streichelt Krümel, den Familienhund. Er _____

ist der Einzige aus der Familie, der nichts sammelt, es sei denn, man zählt die _____

Knochen dazu, die Krümel im Garten verbuddelt.

2. Setze aus dem Wortspeicher unten das passende Pronomen ein.

a) Für _____ (Poss.) Sohn kauft Herr Sucher einen neuen Comic.

b) _____ (Pers.) schenkt _____ (Pers., 3. Fall)

den Comic zum Geburtstag.

c) Lili packt _____ (Poss.) Pinguin aus.

d) _____ (Pers.) stellt _____ (Pers., 4. Fall) ins

Regal.

e) Freunde geben _____ (Pers., 3. Fall) oft neue Sammelstücke.

sie • er • ihren • ihn • ihnen • seinen • ihm

Auf, im, bei, neben … – Präpositionen verwenden

Das musst du wissen

- **Präpositionen** (**Verhältniswörter**) geben an, in welchem Verhältnis Personen oder Gegenstände zueinander stehen.
- Dies ist oft ein **örtliches Verhältnis** (*vor dem Tisch*) oder ein **zeitliches Verhältnis** (*vor einer Stunde*).
- Oft **verschmelzen Präpositionen** mit dem bestimmten **Artikel** (z. B.: *in dem → im, bei dem → beim*).

Achtung! Fehlerquellen Luxemburgisch – Deutsch:

Präpositionen, die einen **Ort** oder eine **Richtung** angeben:

- **Ort:**

Ech wunnen zu Wooltz. – Ich wohne in Wiltz.
Ech sinn an der Stad/an der Fiels. – Ich bin in Luxemburg-Stadt/in Fels.

- **Richtung:**

Ech gi bei meng Bomi. – Ich gehe zu meiner Oma.
Ech fueren op Ettelbréck. – Ich fahre nach Ettelbrück.
Ech ginn an d'Stad. – Ich gehe nach Luxemburg-Stadt.

Fehlerquelle Französisch – Deutsch:

Le tableau est pendu sur le mur. – Das Bild hängt an der Wand.

1. Setzt die passenden Präpositionen in die Lücken ein. Seht euch dazu das Foto genau an.

a) Der Globus steht _____ einem kleinen braunen Koffer.

b) Ein großer weißer Koffer befindet sich _____ zwei braunen Koffern.

c) Die Preisschilder für die Koffer hängen _____ den Griffen.

d) Niemand weiß, ob etwas _____ den Koffern ist.

e) Viele Gegenstände stehen _____ einem runden blauweißen Schild.

f) _____ dem Globus sieht man einen roten Spielzeugbus.

2. Wähle jeweils die richtige Präposition und füge sie ein.

a) Ich lebe (zu/in/auf) _____ Luxemburg-Stadt, wo zweimal im Monat ein Antiquitätenmarkt stattfindet. Wie ist das bei dir (zu/in/auf) _____ Mersch?

b) Manchmal fahren wir aber auch (auf/zu/nach) _____ Petingen (bei/auf/zu) _____ meiner Tante, um mit ihr auf dem Flohmarkt zu stöbern.

c) Siehst du das Foto, das bei diesem Händler (an/auf/in) _____ der Wand hängt?

Dort, morgens, leider ... – Adverbien verwenden

Das musst du wissen

Adverbien geben an, **wo** etwas passiert, **wann** etwas geschieht und **wie** etwas abläuft. Sie verändern ihre Form im Satz nicht.
- **Adverbien des Ortes** (Wo? Woher? Wohin?): dort, heimwärts, bergauf ...
- **Adverbien der Zeit:** (Wann? Wie lange?): neulich, morgens, dann ...
- **Adverbien der Art und Weise:** (Wie? Auf welche Weise?): leider, sehr, ziemlich ...

1. Ordne die unterstrichenen Adverbien in die Tabelle unter dem Text ein.

Fabergé-Eier

Es sind schöne Sammlerstücke, aber auch <u>sehr</u> teure – die Schmuckeier von Fabergé. Carl Peter Fabergé fertigte sie <u>ehemals</u> im Auftrag der Zaren in Sankt Petersburg an. In der orthodoxen Kirche Russlands ist es zu
5 Ostern Brauch, drei Küsse und geschmückte Eier zu verschenken. <u>Dann</u> bemalen die meisten Menschen normale Hühnereier. Für den Zar musste es <u>damals</u> etwas Besonderes sein – Eier aus Gold, Silber oder Elfenbein und mit Edelsteinen geschmückt. <u>Seinerzeit</u>
10 wurden 50 Eier kostbar gestaltet. Nach dem Ende des Zarenreiches gelangten die Eier <u>bald</u> auf den Kunstmarkt und wurden <u>dort</u> von Sammlern entdeckt. Die größte Sammlung trug <u>bisher</u> ein amerikanischer Verleger zusammen. Es ist <u>leider</u> nicht bekannt, ob er
15 auch das teuerste Ei erwarb. Ein unbekannter Bieter kaufte es im Jahre 2007 in einem englischen Auktionshaus. <u>Hier</u> wechselten 12,5 Millionen Euro für ein Fabergé-Ei den Besitzer.

Krönungs-Ei von Fabergé, 1897

Adverbien des Ortes	Adverbien der Zeit	Adverbien der Art und Weise

Wörter sind verschieden – Wortarten kennen

2. Unterstreiche in den Sätzen das Adverb. Ergänze dann die Sätze, indem du jeweils das Gegenteil ausdrückst.

a) Fritz sammelt gern. *Franz sammelt ungern.*

b) Fritz geht immer zum Flohmarkt. _____

c) Fritz spielt drinnen. _____

d) Fritz arbeitet morgens. _____

e) Fritz geht die Treppe herauf. _____

3. Setze die Adverbien aus dem Wortspeicher richtig in die Textlücken ein. Denke am Satzanfang an die Großschreibung.

Adverbien der Zeit	Adverbien der Art und Weise	Adverbien des Ortes
bisher • niemals • immer • hinterher • manchmal	sehr • möglicherweise • besonders • überaus	dort • mitten

Teure Bilder

_____ (Adverb der Zeit) liest man in der Zeitung von Gemälden, die für Rekordsummen verkauft oder versteigert werden. Das _____ (Adverb der Art und Weise) teuerste Bild, das _____ (Adverb der Zeit) verkauft wurde, stammt von dem amerikanischen Maler Jackson Pollock und soll 140 Millionen Dollar gekostet haben. Das Geschäft wurde _____ (Adverb der Art und Weise) diskret abgewickelt und _____ (Adverb der Zeit) erst öffentlich gemacht. Einige Bilder sind _____ (Adverb der Art und Weise) kostbar und werden _____ (Adverb der Zeit) zum Verkauf angeboten werden. Dies gilt _____ (Adverb der Art und Weise) für die „Mona Lisa" von Leonardo da Vinci, die _____ (Adverb des Ortes) in einem Museum in Paris, dem Louvre, zu besichtigen ist. _____ (Adverb des Ortes) wird sie _____ (Adverb der Zeit) bewacht und gesichert, sodass sie auch nicht geraubt werden kann.

Und/oder, weil/obwohl – Konjunktionen verwenden

Das musst du wissen

Konjunktionen verbinden Wörter, Wortgruppen und Sätze miteinander. Man unterscheidet:

- **nebenordnende Konjunktionen** (z. B. *und, oder, aber, denn, doch* usw.)
  Diese können in Aufzählungen verwendet werden oder selbstständige Hauptsätze zu **Satzreihen** verbinden.
  Beispiel: *Mia, Janna und Hatice gehen zum Flohmarkt.* (Aufzählung)
  *Mia kauft eine Blechdose, **denn** die passt in ihre Sammlung.* (Satzreihe)
- **unterordnende Konjunktionen** (z. B. *als, da, damit, wenn, weil, bevor, dass* usw.)
  Diese verknüpfen Hauptsätze und Gliedsätze/Nebensätze zu einem **Satzgefüge**.
  Beispiel: *Hatice zählt ihr Geld, **bevor** sie ein T-Shirt kauft.* (Satzgefüge)

1. Bestimme die Wortart der fett gedruckten Wörter in den Sätzen der linken Spalte und gib in der mittleren Spalte an, ob es sich um neben- oder unterordnende Konjunktionen handelt.

2. Schreibe in die rechte Spalte, ob die Sätze eine Satzreihe oder ein Satzgefüge bilden.

Ungewöhnliche Sammlungen	Art der Konjunktion	Satzart
Dass viele Leute Puppen, Briefmarken, Münzen **oder** Erstausgaben von Büchern sammeln, ist den meisten Menschen bekannt.	*unterordnende K.*	*Satzgefüge*
Sammler von Bananen-Klebeetiketten sind eher selten, **doch** es gibt sie auch.		
Weil ihr die Formen und Muster von Nachttöpfen gefielen, sammelte eine Frau im Laufe der Jahre über 9000 Stück.		
Ein bayrischer Sammler kauft ständig weitere Tretautos, **obwohl** er schon über 100 im Keller stehen hat.		
Eine Frau aus Nürnberg richtete ein ganzes Zimmer mit Glasvitrinen ein, **damit** sie ihre Sammlung von Parfümflakons ansprechend präsentieren konnte.		
Ein Sammler von Rückenkratzern freut sich über jede Neuerwerbung, **aber** er hat keinen Raum frei für ihre Präsentation.		
Die meisten Menschen wundern sich, **dass** es auch Sammlungen von Osterhasen, Schutzengeln, Zahnpastatuben, Handschellen und Vorhängeschlössern gibt.		

Wörter sind verschieden – Wortarten kennen

3. Die markierten Konjunktionen sind untereinander vertauscht worden. Schreibe den Text ab und setze dabei die Konjunktionen wieder an ihren richtigen Platz.

Immer wieder liest man, und auf Flohmärkten sensationelle Entdeckungen gemacht werden. Dass er den abgeschabten, verbeulten da mindestens 30 Jahre alten Koffer sah, wurde das Interesse eines britischen Touristen in einer kleinen australischen Stadt geweckt. Der Koffer enthielt Fotos, Konzertprogramme doch Tonbänder, als diese stellten sich als musikalische Sensation heraus. Und es sich um unbekannte Songs der legendären Beatles handelt, soll das Material einen Wert von mehreren Hunderttausend Euro haben.

Teste dich selbst! – Wortarten kennen

1. Bestimme die Wortarten des folgenden Satzes.

(zu erreichende Punkte / eigene Punkte)

	Wortart
Tom	
sammelt	
mit	
Begeisterung	
alte	
Märchenbücher,	
weil	
er	
diese	
Texte	
und	
ihre	
Bebilderungen	
sehr	
mag.	

15 / ____

2. Vervollständigt die Tabelle.

1. Fall: Nominativ	der Markt		
2. Fall: Genitiv		einer Versteigerung	
3. Fall: Dativ			
4. Fall: Akkusativ			mein Fundstück

9 / ____

3. Bestimme die Zeitformen der folgenden Sätze:

a) Emil hatte sich vor vielen Jahren seinen ersten Oldtimer gekauft. *Zeitform:* _____

b) Mit ihm fuhr er im Sommer oft Rallyes. *Zeitform:* _____

c) Emil liebt einfach das langsame Fahren in schönen Autos. *Zeitform:* _____

d) Bei einem Auto ist es dann natürlich auch nicht geblieben. *Zeitform:* _____

e) Bald wird er seine Autos präsentieren. *Zeitform:* _____ 5 / ____

mögliche Punkte: 29 / erreichte Punkte: ____

Bausteine des Satzes – Satzglieder

Diese Satzglieder kennst du sicher – Subjekt, Prädikat und Objekte

Das musst du wissen

Ein Satz setzt sich aus unterschiedlichen Satzgliedern zusammen:
- Das **Subjekt** antwortet auf die Satzgliedfrage *Wer oder was?*.
- Das **Prädikat** antwortet auf die Frage *Was tut …?* oder *Was geschieht …?*. Es besteht immer aus einem **Verb** oder einer Verbgruppe. Wenn ein Prädikat aus mehreren Teilen besteht, nennt man dies **Prädikatsklammer** *(Er hat sie gerufen)*.
- Satzglieder, die das Prädikat ergänzen, nennt man **Objekte**. Man unterscheidet sie meistens nach dem Fall, in dem sie stehen. Besonders wichtige Objekte sind
  - das **Dativobjekt**, das auf die Frage *Wem …?* antwortet,
  - das **Akkusativobjekt**, das auf die Frage *Wen oder was …?* antwortet.

1. Klammere die Wörter, die ein Satzglied bilden, ein. Wenn du dir unsicher bist, welche Wörter zusammengehören, stelle die Sätze um.
Beispiel: (Meral und Cemil) (mögen) (ihre Oma) (sehr).

a) Die alte Dame bedarf der Unterstützung.

b) Für ihre Großmutter erledigen die beiden die Einkäufe.

c) Ihrem Vater erzählen sie von ihren Einkäufen für ihre Großmutter.

d) Er unterstützt seine hilfsbedürftige Mutter ebenfalls.

2. Unterstreiche in den Sätzen die Subjekte und Prädikate mit verschiedenen Farben.

3. Kreise in dem folgenden Text alle Akkusativobjekte ein.

Wie lässt man einen gekauften Kürbis weiterwachsen?

Lege den Kürbis in einen Korb. Ziehe mit einer Nähnadel einen Bindfaden nahe dem Stiel durch den Kürbis. Stelle ein Glas Zuckerwasser daneben und hänge das andere Ende des Fadens ins
5 Wasser. Durch den Faden nimmt der Kürbis das Zuckerwasser als eine Nährstofflösung auf. Er wird noch ein ganzes Stück wachsen.

Bausteine des Satzes – Satzglieder

4. Unterstreiche in den folgenden Sätzen das Dativobjekt. Schreibe die Sätze anschließend neu auf. Verwende diesmal für das Dativobjekt wie in dem Beispiel ein Personalpronomen.
Beispiel: Maike schenkt <u>ihrer Schwester</u> zum Geburtstag ein spannendes Buch.
Maike schenkt <u>ihr</u> zum Geburtstag ein spannendes Buch.

a) Der Mittelstürmer schießt dem Torwart den Ball genau in die Arme.

_____

_____

b) Der Bürgermeister überreicht der siegreichen Mannschaft den Pokal.

_____

_____

c) Janna leiht Lukas den neuen Zirkel.

_____

_____

d) Der Polizist nimmt dem Autofahrer den Führerschein weg.

_____

_____

e) Dem schlaffen Ballon ist offensichtlich die Luft ausgegangen.

_____

_____

f) Die Reiterin gibt dem Pferd eine Mohrrübe.

_____

_____

g) Till geht es nach der Grippe wieder besser.

_____

_____

Bausteine des Satzes – Satzglieder

5. In dem folgenden Text findest du in den Klammern jeweils drei Objekte. Streiche die unpassenden Objekte durch. Schreibe anschließend darüber, ob es sich um ein Dativobjekt oder Akkusativobjekt handelt. Benutze dazu die Abkürzungen DO und AO.

Tiere am Polarkreis

In den Kältewüsten der Arktis und der Antarktis können lediglich solche Tiere leben, die sich (dem Klima, der Sonne, dem Menschen) besonders gut angepasst haben. So haben manche Fische (keine Flossen, keine roten Blutkörperchen, keine Schuppen), wodurch ihr Blut dünnflüssiger wird. Andere Tiere, besonders Wale, haben sich (eine Höhle, nichts, eine überdimensionale Größe) zugelegt. Der Eisbär bewahrt (seine Körpertemperatur, sein Aussehen, seine Schönheit) durch ein dichtes Fell und die Kaiserpinguine durch ein wasserabstoßendes Fett-Federn-Kleid. Wird es (ihren Weibchen, ihnen, den Eskimos) in der Sonne darin zu warm, so fressen sie (Robben, Schnee, Fische), um (ihre Ohren, die Füße, sich) etwas abzukühlen.

Wann? Wo? Warum? Wie? ... – adverbiale Bestimmungen erkennen

> **Das musst du wissen**
> - Die **adverbiale Bestimmung** ist ein Satzglied, das die **näheren Umstände** z. B. einer Handlung, eines Vorgangs oder Zustands wiedergibt. Deshalb nennt man dieses Satzglied auch Umstandsbestimmung.
> - Je nachdem, auf welche Frage sie antwortet, unterscheidet man die adverbiale Bestimmung nach
>   - adverbialer Bestimmung der **Zeit** (Frage: *Wann? Wie lange? Wie oft?*),
>   - adverbialer Bestimmung des **Ortes** (Frage: *Wo? Wohin? Woher?*),
>   - adverbialer Bestimmung der **Art und Weise** (Frage: *Wie? Auf welche Art und Weise?*),
>   - adverbialer Bestimmung des **Grundes** (Frage: *Warum? Weshalb?*),
>   - adverbialer Bestimmung des **Mittels** (Frage: *Womit? Mit welchem Mittel?*).

1. Bestimme die unterstrichenen adverbialen Bestimmungen in den folgenden Sätzen:

- Lea kommt <u>aus der Schule</u>. *adverbiale Bestimmung des*
- Wir haben sie <u>dort</u> getroffen. *adv. Best. des*
- <u>Heute Mittag</u> findet die Tanz-AG statt. _____
- <u>Wegen des schlechten Wetters</u> fällt das Sportfest aus. _____
- Sie verteidigt sich <u>mit dem Lineal</u>. _____
- Seine Mitschülerin schaut ihn <u>freundlich</u> an. _____
- Er fühlt sich <u>nicht besonders wohl</u>. _____
- Sie kommt <u>von zu Hause</u>. _____
- <u>Um sieben Uhr morgens</u> fuhr der Bus los. _____

2. Schreibt aus dem folgenden Witz alle adverbialen Bestimmungen heraus und bestimmt sie.
Beispiel: in Paris = adverbiale Bestimmung des Ortes

Missverständnis

Herr Müller verliert in Paris seine Brieftasche auf einer Straße. Er meldet den Verlust sofort auf dem nächsten Polizeirevier. Dann fährt er mit dem Auto nach Hause.
Als er nach Wochen wieder nach Paris kommt, sieht er in der Straße, in der er seine Brieftasche verloren hat, eine riesige Baustelle. Erstaunt sagt er zu sich selbst: „Na, das wäre aber nicht nötig gewesen!"

Bausteine des Satzes – Satzglieder

Präposition mit Nomen/Substantiv, Adjektiv oder Adverb? – Die Form von adverbialen Bestimmungen erkennen

Das musst du wissen

Adverbiale Bestimmungen können aus folgenden Wortarten gebildet werden:
- **Präposition mit Nomen/Substantiv** *(Der Polizist steht auf der Straße)*,
- **Adjektiv** *(Die Kinder singen laut)*,
- **Adverb** *(Der Hund bellt immer)*.

- **Adjektive** und **Adverbien** kannst du folgendermaßen unterscheiden:
  Ein Adjektiv kann seine Form ändern *(laut, lauter, die lauten Kinder)*, ein Adverb kann dies nicht *(immer, dort, morgens)*.

1. Bestimme die Wortart, aus der die in den folgenden Texten unterstrichenen adverbialen Bestimmungen gebildet werden. Setze dazu die passende Zahl in die Klammern:
1 = Präposition mit Nomen/Substantiv, 2 = Adjektiv und 3 = Adverb.

Nie ohne Perücke

Im alten Ägypten ( ) galten Perücken als Zeichen des Wohlstands. Das eigene Haar wurde kurz ( ) geschoren und dann ( ) durch eine schwarze und glatte Perücke ersetzt. Das konnten sich in der Regel ( ) wegen der Kosten ( ) nur die Reichen leisten. Der Kopfputz hatte auch einen praktischen Grund: Er schützte zuverlässig ( ) vor den Sonnenstrahlen.

Der „Erdwerfer"

Ein Maulwurf gräbt nicht etwa mit der Schnauze ( ), sondern mit seinen Vorderpfoten ( ). Der Name ist aus dem altdeutschen „Moltewurf" entstanden. Das
5 bedeutet so viel wie „Erdwerfer". Maulwürfe können erstklassig ( ) wühlen. Ihr unterirdisches Tunnelsystem erstreckt sich manchmal ( ) über 500 Meter. Wegen der unangenehmen Hügel ( )
10 werden sie von Hobbygärtnern nicht besonders geschätzt.

Bausteine des Satzes – Satzglieder

2. Suche aus den Texten auf S. 64 jeweils zwei Beispiele für folgende adverbiale Bestimmungen heraus und schreibe sie auf:

adv. Bestimmung der Zeit: _____

adv. Bestimmung des Mittels: _____

adv. Bestimmung der Art und Weise: _____

adv. Bestimmung des Grundes: _____

3. In der folgenden Vorgangsbeschreibung fehlen adverbiale Bestimmungen, die aus einem Adverb gebildet werden. Trage die Ausdrücke ein. Sie stehen in vertauschter Reihenfolge unter dem Text.

Ein Rezept für Popcorn

Wenn du selbst Popcorn herstellen willst, benötigst du folgende Zutaten (für ca. 4 Personen) und folgendes Kochgeschirr:

<u>Zutaten:</u> 1 Tasse Maiskörner, 1 Esslöffel Öl, Puderzucker oder Salz nach Belieben

<u>Geschirr:</u> 1 Tasse und 1 Esslöffel zum Abmessen, 1 großer Topf mit Deckel (3–4 Liter)

5 _____ musst du das Öl ca. eine Minute auf höchster Stufe in einem Topf erhitzen. Gib _____ den Mais hinzu und verschließe den Topf. Auf kleiner Stufe werden die Körner _____ zum Platzen gebracht. _____ musst du den Topf hin und her bewegen, damit nichts anbrennt. Nach ca. 6–8 Minuten kannst du den Topf vom Herd nehmen und das Popcorn in eine Schüssel geben. 10 _____ musst du natürlich den Herd ausstellen. _____ kannst du das Popcorn noch mit Puderzucker oder Salz bestreuen. _____ ist es fertig und kann gegessen werden.

> jetzt • vorher • zuletzt • zunächst • nun • zwischendurch • anschließend

4. Um welche Art von adverbialer Bestimmung handelt es sich bei den eingesetzten Ausdrücken?

_____

Bausteine des Satzes – Satzglieder

Weil es so heiß ist, bleiben wir im Haus – Adverbialsätze

Das musst du wissen

- **Adverbiale Bestimmungen** können auch die **Form eines Nebensatzes/Gliedsatzes** haben. Nebensätze/Gliedsätze, die die Aufgabe einer adverbialen Bestimmung übernehmen, nennt man **Adverbialsätze.**
- Adverbialsätze werden oft mit **Konjunktionen** wie *weil, nachdem, indem, obwohl, bevor* eingeleitet.
- Häufig kann man aus einer adverbialen Bestimmung einen Adverbialsatz und aus einem Adverbialsatz eine adverbiale Bestimmung machen.

    Beispiel: *Wegen der Hitze* bleiben wir im Haus.
                  adverbiale Bestimmung

                  Weil es so heiß ist, bleiben wir im Haus.
                  Adverbialsatz

1. Arbeite folgendermaßen mit den Satzpaaren:
Kreuze an, welcher der beiden Sätze einen Adverbialsatz enthält.

a) Vor dem Essen wasche ich mir die Hände. ☐

    Bevor ich esse, wasche ich mir die Hände. ☐

b) Ich lade euch ein, weil ich Geburtstag habe. ☐

    Ich lade euch wegen meines Geburtstags ein. ☐

c) Bei Sonnenuntergang werden wir wieder zu Hause sein. ☐

    Wenn die Sonne untergeht, werden wir wieder zu Hause sein. ☐

d) Wir fuhren nach dem Spiel in eine Eisdiele. ☐

    Wir fuhren, nachdem das Spiel beendet war, in eine Eisdiele. ☐

2. Unterstreicht in den beiden Sätzen jeweils den Adverbialsatz und die dazu passende adverbiale Bestimmung.

3. Die folgenden Sätze enthalten jeweils eine unterstrichene adverbiale Bestimmung, die du in einen Adverbialsatz umwandeln sollst. Schreibe den Satz neu auf. Vergiss das Komma zwischen Hauptsatz und Adverbialsatz nicht.

a) <u>Wegen des Regens</u> suchten wir Schutz in einer Hütte.

Weil _____

_____

b) Begebt euch <u>nach dem Klingeln</u> bitte direkt zum Bus.

Begebt euch, nachdem _____

Bausteine des Satzes – Satzglieder

67

c) Die Katze kletterte vor Schreck auf den Baum.

d) Bei einem Gewitter sollte man sich nicht unter einen Baum stellen.

4. Nun geht es umgekehrt. Bildet aus den Adverbialsätzen jeweils adverbiale Bestimmungen. Folgende Präpositionen könnt ihr dabei verwenden: *wegen, nach, trotz, bei*.
Tipp: Denkt daran, dass ihr bei einfachen adverbialen Bestimmungen kein Komma setzen müsst.

a) Weil die Rollen verteilt werden müssen, darf heute kein Mitglied der Theater-AG fehlen.

b) Nachdem die Theaterprobe beendet ist, treffen sich alle in der Cafeteria der Schule.

c) Obwohl viel Arbeit auf sie zukommt, wollen alle in der AG weiter mitmachen.

d) Als die Generalprobe stattfindet, sind alle ganz besonders konzentriert.

e) Martha spielt, weil sie eine besonders ausdrucksstarke Stimme hat, sehr beeindruckend.

Bausteine des Satzes – Satzglieder

5. Bilde auch aus folgenden Adverbialsätzen einfache adverbiale Bestimmungen.

a) Weil ich krank bin, bleibe ich zu Hause.

Wegen meiner Krankheit bleibe _____

b) Übertragt das Tafelbild in euer Heft, bevor es klingelt.

_____

_____

c) Nachdem ich morgens aufgestanden bin, mache ich zunächst das Radio an.

_____

_____

d) Nachdem wir aus den Ferien zurückgekehrt waren, freuten wir uns wieder auf die Schule.

_____

_____

e) Da sie erkältet war, konnte Martina nicht am Sportfest teilnehmen.

_____

_____

f) Wenn ich schlafe, darf mich keiner stören.

_____

_____

Nomen/Substantive näher bestimmen – Attribute

Das musst du wissen
- **Attribute** haben die Aufgabe, ein **Nomen/Substantiv näher zu bestimmen.** Die deutsche Bezeichnung für Attribut ist **Beifügung** (die <u>kleine</u> Katze, die Katze <u>unseres Nachbarn</u>, die Katze <u>mit dem Halsband</u>).
- Attribute sind **keine eigenständigen Satzglieder,** weil sie nur zusammen mit ihrem Bezugsnomen umgestellt werden können. Man nennt sie deshalb **Satzgliedteile.** Attribute stehen entweder vor oder hinter ihrem Bezugsnomen.
  Beispiel: (Die <u>kleine</u> Katze) (beschnuppert) (den Stoffhund <u>des Jungen</u>).
  (Die <u>kleine</u> Katze) (beschnuppert) (den Stoffhund, <u>der dem Jungen gehört</u>).

1. Unterstreicht in den folgenden Ausdrücken jeweils das Bezugsnomen und kennzeichnet das Attribut mit einer Wellenlinie. Schreibt in das Kästchen ein v, wenn ein Attribut vor dem Bezugsnomen steht, und ein h, wenn es hinter dem Bezugsnomen steht. Manchmal ist beides der Fall.

a) das langsame Auto ☐

b) der wunderschöne Regenbogen ☐

c) das Fahrrad mit dem Ledersattel ☐

d) der freundliche Hausmeister der Schule ☐ ☐

e) die alte Jeans, die ein Loch hat, … ☐ ☐

f) die Laufschuhe der Sprinterin ☐

g) das geheimnisvolle Paket ☐

h) die rote Kappe mit dem Autoaufkleber ☐ ☐

i) der Fußball, dem die Luft ausgegangen ist, … ☐

j) die treuen Augen des Wackeldackels ☐ ☐

2. Im folgenden Witz sind die Bezugsnomen unterstrichen. Kennzeichne die Attribute, die diese Nomen/Substantive näher bestimmen, mit einer Wellenlinie.

Im Zoo

Ein älterer <u>Mann</u> läuft mit einem jungen <u>Pinguin</u> durch die <u>Fußgängerzone</u> einer Kleinstadt.

Da fragt ihn ein erstaunter <u>Passant</u>: „Wo haben Sie denn den süßen <u>Kerl</u> her?"

„Er ist mir zugelaufen. Was meinen Sie, was ich mit ihm machen soll?"

„Gehen Sie mit ihm in den nahen <u>Zoo</u>."

5 Nach mehreren <u>Stunden</u> treffen sich die drei vor einem <u>Schaufenster</u> mit Spielsachen.

„Nanu, Sie haben den lustigen <u>Gesellen</u> ja immer noch. Waren Sie denn nicht im Zoo?"

„Doch, doch, da waren wir schon. Es hat ihm auch gut gefallen. Jetzt gehen wir ein leckeres <u>Eis</u> essen und dann ins Kino. Dort läuft ein <u>Film</u> mit Brad Pitt. Der wird ihm gefallen."

Bausteine des Satzes – Satzglieder

Adjektiv-, Genitiv-, Präpositionalattribut oder Apposition? – Attributarten unterscheiden

Das musst du wissen

Man unterscheidet folgende Arten von Attributen:
- das **Adjektivattribut** *(Die grüne Jacke gefällt mir)*,
- das **Genitivattribut** *(Die Jacke des Lehrers hat ein Loch)*,
- das **Präpositionalattribut** (Die Jacke *mit den Silberknöpfen* ist teuer),
- die **Apposition** *(Bello, unser Hund, hat den Briefträger gebissen)*.
  Die Apposition steht hinter dem Bezugsnomen und wird durch Kommas abgetrennt.

1. Bestimme in den folgenden Sätzen die Attributarten, indem du die passende Zahl in die Klammern schreibst (1 = Adjektivattribut, 2 = Genitivattribut, 3 = Präpositionalattribut, 4 = Apposition). Unterstreiche zuvor die Bezugsnomen.

a) Goethe, der bekannteste deutsche ( ) Dichter, ( ) lebte viele Jahre in Weimar.

b) Zunächst wohnte er einige Zeit in einem „Gartenhaus" mit drei Etagen ( ).

c) Später zog er in das prunkvolle ( ) Haus am Frauenplan ( ).

d) Dieses war ein Geschenk des Großherzogs ( ).

e) Goethe war nicht nur ein erfolgreicher ( ) Dichter, sondern auch ein angesehener ( ) Politiker, begabter ( ) Maler und leidenschaftlicher ( ) Erforscher der Natur ( ).

f) Zeitweise leitete er auch das Theater Weimars ( ).

g) Friedrich Schiller, ebenfalls ein berühmter ( ) Dichter, ( ) wohnte auch einige Jahre in Weimar.

h) Schiller und Goethe verband eine innige ( ) Freundschaft.

i) Noch heute kann man die Wohnhäuser der Dichterfürsten ( ) in Weimar besichtigen.

j) Das Haus Friedrich Schillers ( ) war jedoch kleiner als das Haus Goethes ( ).

k) Auch das Gartenhaus im Ilmpark ( ) kann an bestimmten ( ) Tagen besichtigt werden.

l) Vor allem im Sommer kann man sich dort im Park ein gemütliches ( ) Plätzchen zum Ausruhen suchen.

Goethe-Schiller-Denkmal in Weimar

Der Hund, der groß ist, bellt laut – Attribut-/Relativsätze

> **Das musst du wissen**
> - Ein **Attribut** kann auch die **Form eines Nebensatzes** haben. Man spricht in diesem Fall von einem **Attributsatz oder Relativsatz**.
> - Durch ein **Relativpronomen** *(der, die, das/welcher, welche, welches)* wird dieser Nebensatz mit dem Nomen/Substantiv, auf das es sich bezieht, verbunden.
>
> *Relativpronomen*
> **Beispiel:** Der Computer, (den) ich geschenkt bekommen habe, ist erstklassig.
> Bezugsnomen   Attributsatz/Relativsatz

1. Kennzeichne in den folgenden Beispielsätzen den Relativsatz/Attributsatz mit einer Wellenlinie und kreise das Relativpronomen ein. Unterstreiche das jeweilige Bezugsnomen.

a) Der Esel, den ich auf der Wiese getroffen habe, hat mein Butterbrot gefressen.

b) Die Haustür, die wir erst vor einem Jahr bekommen haben, ist schon völlig verzogen.

c) Ich habe das Buch, das du mir geschenkt hast, ohne Unterbrechung durchgelesen.

d) Auf Julia, die meine Freundin ist, kann ich mich immer verlassen.

e) Haustiere, denen zu wenig Beachtung geschenkt wird, können krank werden.

2. Unterstreiche in den folgenden Sätzen alle Attribute. Bilde anschließend aus den einfachen Attributen Attributsätze (Relativsätze) und schreibe sie in dein Heft. Achte besonders auf die Zeichensetzung.

a) Ein kleiner, dicker Mann isst eine Riesenbratwurst.

b) Das Haus am Ende der Straße wird renoviert.

c) Ich lese gerade ein spannendes Buch.

d) Der übermüdete Mittelstürmer schläft auf dem Elfmeterpunkt ein.

e) Die Zuschauer bejubeln den Torschützen der gegnerischen Mannschaft.

f) Dackel Oskar, dieser Lümmel, hat dem Metzger eine Wurst gestohlen.

g) Der sehr verdutzte Mann versucht vergeblich, ihn zu verfolgen.

h) Dackel Oskar rast mit Hochgeschwindigkeit in das Gebäude einer Lebensmittelkette.

Teste dich selbst! – Satzglieder

1. Unterstreiche in dem folgenden Text alle Subjekte (S) und Prädikate (P). Schreibe die jeweilige Abkürzung S oder P unter die Wörter oder Wortgruppen.
Achte besonders auf Prädikatsklammern und markiere in diesem Fall alle Teile des Prädikats.

<u>Englische Hausbesitzer</u> <u>erleben</u> eine eisige Überraschung (Pressemeldung)
      S   P

Mit Schrecken denken die Besitzer eines Landhauses in der Nähe Londons an den letzten Mittwochabend zurück. Während sie gemütlich beim Essen saßen, krachte es plötzlich fürchterlich im Gebälk. Als die entsetzten Leute die Ursache für diese gewaltige Erschütterung herausfinden wollten und schließlich auch auf dem Dachboden nachsahen, entdeckten sie die
5 Reste eines riesigen Eisblocks, die langsam dahinschmolzen. Das Eis war offenbar von einem Flugzeug aus großer Höhe in das Dach gestürzt und begann nun zu tauen. Der Eisklotz hatte zwar beim Aufprall ein sechzig Zentimeter großes Loch in das Dach gerissen, aber glücklicherweise wurde niemand verletzt. Die Feuerwehr kümmerte sich um den Schaden.

27 / ____

2. Unterstreiche in dem folgenden Text alle Dativobjekte und kreise alle Akkusativobjekte ein.

Schauerliche Ballonmusik

Besorge dir einen Luftballon und blase ihn auf. Ziehe nun das Mundstück mit beiden Händen auseinander. Die Gummihaut beginnt nun, an dieser Stelle zu vibrieren. Auf diese Weise kannst du deinen Zuhörern die schauerlichsten Töne vorführen. Experten können dem Ballon auch
5 richtige Melodien entlocken. Gib deinen Eltern oder Freunden aber vorher einen Tipp, wie sie ihre Ohren verstopfen können. Vielen Menschen gehen die Ballongeräusche nämlich auf die Nerven.

24 / ____

Bausteine des Satzes – Satzglieder 73

3. Suche aus dem folgenden Bericht alle adverbialen Bestimmungen heraus. Übertrage dazu die Tabelle in dein Heft und fülle sie aus.

Zusammenstoß am Diebesweg

Ein Junge befuhr gestern den Diebesweg. Plötzlich lief ein Hund in Höhe der Bushaltestelle überraschend auf die Straße. Der Junge versuchte, schnell mit seinem Moutainbike mit aller Kraft zu bremsen. Es kam jedoch zum Zusammenstoß, weil die Straße vereist war. Wie durch ein Wunder wurden der Hund und der Junge nicht verletzt.

adverbiale Bestimmung	genaue Bezeichnung der adverbialen Bestimmung	Form der adverbialen Bestimmung
gestern	adverbiale Bestimmung der Zeit	Adverb

27 / ____

4. Unterstreiche in den folgenden Sätzen die Attribute.

a) Das entscheidende Fußballspiel findet auf dem Sportplatz des SC Paderborn statt.

b) Der Torwart der Heimmannschaft hängt ein lustiges Maskottchen in sein Tornetz.

c) Cemil, unser Mannschaftskapitän, überreicht dem Spielführer der gegnerischen Mannschaft einen Wimpel.

6 / ____

5. Kreise in dem folgenden Text die Nomen/Substantive ein, die durch einen Relativsatz/Attributsatz näher bestimmt werden. Unterstreiche die Relativsätze/Attributsätze.

Lockspeise für Schmetterlinge

Der süßlich duftende Saft, der aus dem verletzten Stamm der Birke quillt, lockt neben mancherlei bunt schillernden Käfern viele Schmetterlinge an, zum Beispiel das Tagpfauenauge, den Admiral und vielleicht auch einmal den Trauermantel, der sehr selten geworden ist. Die Insekten naschen von dem gärenden Saft,
5 der sie wie betrunken macht. Eine selbst angesetzte Mixtur aus Malzbier, Sirup, Apfelmus und etwas Rum lockt an warmen Sommerabenden besonders Nachtschmetterlinge an. Tränke damit eine Papierserviette und drücke diese in einen Joghurtbecher, den du zu einer Blüte umgestaltet und auf einen Stab gesteckt hast.

mögliche Punkte: 92 / erreichte Punkte: ____

8 / ____

Deutlich sprechen, genau hinhören – die Schreibweise heraushören

Das musst du wissen
- Oft kann man ein Wort so **schreiben, wie man es spricht** *(Nebel, Igel)*. Sprich die Wörter dazu deutlich aus und höre genau hin.
- Die richtige Schreibweise kannst du auch oft heraushören, wenn du das Wort **verlängerst** *(klug – klüger, Wald – Wälder)*.

1. Finde die richtige Schreibweise für die Wörter heraus; die Erklärungen in den Klammern helfen dabei. Schreibe die Wörter in dein Heft und kreise den bzw. die richtigen Buchstaben ein.

D/T orf (Ortschaft)	h eu/ei len (Arzt)	Pf/F lug (der Vögel)
K/G reis (runde Form)	ru pf/f en (Gras)	K/G rippe (Krankheit)
D/T eich (Gewässer)	la k/g en (Infinitiv legen)	Ge p/b äck (Reisezubehör)
p/b ellen (Hund)	p/b ellen (Kartoffel)	Ge p/b äck (Kuchen)
D/T eich (Schutzwall)	La k/g en (Bett)	ru pf/f en (schreien)
K/G rippe (für Tierfutter)	Pf/F lug (Ackergerät)	K/G reis (alter Mann)
D/T orf (im Moor)	h eu/ei len (weinen)	

2. Ergänze die richtige Schreibweise der unvollständigen Wörter. Sprich sie dazu besonders deutlich aus und höre genau hin.

Gefährdete Riesen

Im feuchten Ne___elwa___ kann es empfi___lich ka___ werden. Berggorillas haben aber sehr

la___es Haar. Dies schützt sie ge___en Kä___e. Der Mensch hat aber immer mehr Wa___land als

Acker für sich beansprucht. Deshalb müssen die rie___igen Menschenaffen immer höher

hinaufsteigen. O___ leben sie jetzt in einer

5 Re___ion, in der sie frie___en und

manchma___ sogar an Lu___enentzü___-

dung ste___ben. Berggorillas gibt es in

keinem Zoo der We___. So schützt man

ihren Lebensraum und verhi___ert ihre

10 Ausrottung.

Verlängern und Wortverwandte suchen – die Schreibweise ableiten

Das musst du wissen

- Die richtige Schreibweise eines Wortes – insbesondere des Wortendes – kannst du oft durch **Verlängern** herausfinden *(Wand – Wände, kalt – kälter)*.
- Oft hilft dir auch das Suchen eines **verwandten Wortes,** um die Schreibweise eines Wortes abzuleiten, z. B. bei Wörtern mit **ä** oder **e** *(Fährte – fahren)* und bei Wörtern mit **äu** oder **eu** *(Haut – Häute)*.

1. In der Wortschlange sind zwölf Wörter versteckt. Sie haben alle ein **d** oder **b** am Ende. Kreise die Wörter ein und schreibe sie mit einer Verlängerung auf (z. B. *Wald – Wäl__d__er*).

HANDRKLEINGELDUMHELLGELBUMWANDERSCHOBLNLIEBLANGOTKINDEELHERBTEABENDWINDULRUNDIERHOBAM

_____

_____

_____

_____

_____

_____

2. Erkläre die Schreibung der fett gedruckten Buchstaben der Wörter in dem Wortspeicher auf S. 76.
Bilde dazu
- bei Nomen/Substantiven den Plural,
- bei Verben den Infinitiv (= Grundform) oder eine andere Form,
- bei Adjektiven eine Steigerung.

Trage die Wörter mit ihren Ableitungen in die Tabelle auf S. 76 ein.

Richtig zu schreiben kann man lernen – Tipps für die Rechtschreibung

> Ber**g** • sie brin**gt** • Ran**d** • sie len**kt** • er brem**st** • sie ra**st** • er hup**t** • en**g** • ro**t** • har**t** • Bar**t** • luftig

Nomen/Substantiv + Plural	Verb + Infinitiv	Adjektive + Steigerung
	gab – geben	

3. Entscheide, ob die Wörter mit **ä** oder **e** geschrieben werden.
- Wenn du ein **verwandtes Wort mit a** findest, schreibt man das Wort mit **ä**.
- Findest du **kein verwandtes Wort mit a**, dann schreibt man das Wort mit **e**.
- Schreibe zu den Wörtern mit **ä** das verwandte Wort oder die andere Wortform in die Klammer.

Getr____nk (_____)   Z____lt (_____)   F____hre (_____)

du l____rnst (_____)   dr____ngen (_____)   aufh____ngen (_____)

L____nder (_____)   N____st (_____)   H____nde (_____)

4. Ergänze **äu** oder **eu**.
- Kannst du zu den folgenden Wörtern ein verwandtes oder eine **andere Wortform mit au** finden, dann schreibst du das Wort mit **äu**.
- Findest du keine Verwandten oder eine **andere Form des Wortes mit au**, schreibst du es mit **eu**.
- Schreibe die verwandten Wörter oder die anderen Wortformen mit **au** in die Klammer.

einr____men (_____)   es l____chtet (_____)   bed____tend (_____)

t____er (_____)   Bel____chtung (_____)   F____er (_____)

B____erin (_____)   R____me (_____)   Kr____ter (_____)

„End-" oder „ent-"? „Wieder-" oder „wider-"? – Die Schreibweise mithilfe der Bedeutung erklären

Das musst du wissen

- **end- oder ent-:**
  Ein Wort wird mit der Vorsilbe **end-** geschrieben, wenn es mit der Bedeutung **Ende** zusammenhängt (*Endspiel, Endrunde*). Wenn dies **nicht** der Fall ist, wird das Wort mit der unbetonten Vorsilbe **ent-** geschrieben.
- **wieder- oder wider-:**
  Der Wortbaustein **wieder-** hat die Bedeutung von **noch einmal, erneut.** Der Wortbaustein **wider-** hat die Bedeutung **gegen, dagegen.**

1. Tragt bei den folgenden Wörtern den fehlenden Buchstaben in die Lücken ein. Entscheidet, ob das Wort mit der Bedeutung **Ende** zusammenhängt oder ob es sich um die Vorsilbe **ent-** handelt.

en__kommen	En__führer	en__lich	En__lassung
en__fernen	en__los	En__summe	En__spannung
en__gültig	En__station	En__spurt	En__scheidung

2. Schreibe zu jedem Wort aus Übung 1 einen Satz in dein Heft. Diktiere dir mit einer Partnerin oder einem Partner die Sätze gegenseitig.

3. Ergänzt zu den Verben entweder **wieder-** oder **wider-**.

_____sehen	_____streben
_____legen	_____rufen
_____herstellen	_____kommen
_____spiegeln	_____holen
_____geben	_____kehren
_____bringen	_____stehen
_____setzen	_____sprechen

4. Verwende jede Zusammensetzung mit **wieder-** oder **wider-** in einem Satz und schreibe die Sätze in dein Heft. Du kannst dir diese Sätze mit einer Partnerin oder einem Partner gegenseitig diktieren.

Auf Nummer sicher gehen – mit dem Wörterbuch arbeiten

Das musst du wissen

- Der **wichtigste Tipp** für die Rechtschreibung ist: Wenn du unsicher bist, wie ein Wort geschrieben wird, dann schlage in einem **Rechtschreibwörterbuch** nach.
- Das Rechtschreibwörterbuch gibt dir auch noch **weitere Hinweise** zu den Wörtern (z. B. bei Fremdwörtern die deutsche Erklärung).
- Die Wörter sind in einem Rechtschreibwörterbuch in ihrer **alphabetischen Reihenfolge** angeordnet.
- Wenn zwei **Wörter mit dem gleichen Buchstaben** anfangen, musst du auf die alphabetische **Reihenfolge der folgenden Buchstaben** achten *(Name, November, Nudel* oder *trommeln, Trommler, Trompete).* Die Umlaute **ä, ö, ü** werden dabei so behandelt wie die Vokale **a, o, u**.

1. Ordne die folgenden Wortreihen alphabetisch. Nummeriere sie in der richtigen Reihenfolge.

a) Pferd ○   Pfand ○   Pfeile ○   Pflaume ○   Pfund ○

b) hier ○   Holz ○   Harke ○   Holzkohle ○   Horn ○

c) Sohn ○   singen ○   Sonne ○   Schreibweise ○   sauber ○

d) Kugel ○   Kühlschrank ○   Kühle ○   Kaffee ○   Klingel ○

---

oder Blase zu entleeren); **not|dürf|tig**; eine notdürftige Reparatur
die **Nol|te**; sie bekam die Note »gut«; ohne Noten (Notentext) spielen
das **Note|book** [ˈnoːtbʊk] (Computer im Buchformat); des Notebooks; die Notebooks
der **No|ten|schlüs|sel**
das **Note|pad** [ˈnoːtpɛt] (Computer im Notizbuchformat); des Notepads; die Notepads
der **Not|fall; not|falls; not|ge|drun|gen**
no|tie|ren; du notierst; sie notierte; sie hat den Namen notiert; notiere den Namen!
nö|tig; etwas für nötig halten; etwas nötig haben; das ist am nötigsten (am dringendsten erforderlich); ABER: es fehlt ihm am Nötigsten (am Lebensnotwendigen); das, alles Nötige
nö|ti|gen (zwingen); du nötigst ihn; er nötigte ihn; er hat ihn [dazu] genötigt; nötige ihn nicht!; **nö|ti|gen|falls**; die **Nö|ti|gung**

die **No|tiz**; die No|tizen; von etwas Notiz nehmen (eine Sache beachten); der **No|tiz|block**
die **Not|la|ge; not|lan|den**; das Flugzeug notlandet; das Flugzeug ist notgelandet; er versuchte[,] das Flugzeug notzulanden; die **Not|lan|dung**; **Not lei|dend** vergleiche: **Not**; das **Not|si|gnal**; der **Not|stand**; die **Not|wehr; not|wen|dig**; sich auf das, aufs Notwendigste beschränken; es fehlt am Notwendigsten; die **Not|wen|dig|keit**
der oder das **Nou|gat** [ˈnuːgat] vergleiche: **Nu|gat**
die **No|vel|le** (eine Prosaerzählung; ein Nachtragsgesetz)
der **No|vem|ber**; des November[s]; die November
die **No|vi|tät** (Neuheit)
der **No|vi|ze** (Mönch während der Probezeit; Neuling); des/dem/den Novizen; die Novizen; die **No|vi|zin**; die Novizinnen
No|wo|si|birsk (Stadt in Sibirien)
Nr. = Nummer; **Nrn.** = Nummern
N. T. = Neues Testament
der **Nu** (Augenblick); *nur in:* im Nu
die **Nu|an|ce** [ˈnyãːsə] (feiner Unterschied; Kleinigkeit); die Nuancen; **nu|an|cen|reich; nu|an|cie|ren** (sehr fein abstufen);

sie nuancierte; sie hat die Farben nuanciert
nüch|tern; die **Nüch|tern|heit**
die **Nu|del**; die Nudeln; das **Nu|del|holz**; die **Nu|del|sup|pe**
der oder das **Nu|gat**, auch: **Nou|gat** [ˈnuːgat] (süße Masse aus Zucker und Nüssen); des Nugats, auch: Nougats; die Nugats, auch: Nougats
nu|k|le|ar (den Atomkern, die Kernspaltung, die Kernenergie betreffend); nukleare Versuche; die **Nu|k|le|ar|waf|fe** meist Plural
null; null Grad; null Uhr; gegen null gehen; gleich null setzen; er hat null Fehler; sie verloren drei zu null (3:0); Nummer null; die Stunde null; der Zeiger steht auf null; er fängt [wieder] bei null an; die Temperatur sinkt unter null; in null Komma nichts *(umgangssprachlich für:* sehr schnell); null und nichtig *(verstärkend für:* [rechtlich] ungültig); keine Ahnung *(umgangssprachlich für:* keine Ahnung) haben; null Bock *(umgangssprachlich für:* keine Lust) [auf etwas] haben; die **Null**; die Nullen; die Zahl Null; eine Zahl mit fünf Nullen; die Ziffern Null bis Zehn; er ist eine Null *(umgangs-*

sprachlich für: ein völlig unfähiger Mensch); die **Null|lö|sung**, auch: **Null-Lö|sung**; die **Null|men|ge** (Mengenlehre); der **Null|me|ri|di|an** (Meridian von Greenwich); der **Null|punkt**; der **Null|ta|rif**; zum Nulltarif (umsonst) fahren, telefonieren
das **Nu|me|ra|le** (Zahlwort); des Numerales; die Nu|me|ra|li|en *oder* die Nu|me|ra|lia; **nu|me|risch** (zahlenmäßig); numerische Überlegenheit; der **Nu|me|rus** *(in der Grammatik:* Zahl, insbesondere Singular oder Plural); des Numerus; die Numeri; der **Nu|me|rus clau|sus** (zahlenmäßig beschränkte Zulassung [besonders zum Studium]); des Numerus clausus; die **Num|mer**; Nummer fünf; Nummer null; auf Nummer Sicher, *auch:* **sicher** gehen *(umgangssprachlich für:* sich völlig absichern); laufende Nummer; **num|me|rie|ren** (beziffern, benummern); du nummerierst; sie nummerierte; sie hat die Plätze nummeriert; nummeriere die Plätze!; die **Num|me|rie|rung**; das

Richtig zu schreiben kann man lernen – Tipps für die Rechtschreibung

2. Kläre mithilfe des Wörterbuchauszuges auf S. 78 die richtige Schreibweise. Streiche das falsch geschriebene Wort durch.

| Notepad | Novelle | nummerieren | Notitz | notiren | nuklear |
| Notpad | Nowelle | numerieren | Notiz | notieren | nucklear |

3. Zeichne für die richtig geschriebenen Wörter den Wortumriss in dein Heft. Schreibe das Wort hinein (z. B. B u s).

4. Ordne den folgenden Fremdwörtern die deutsche Erklärung zu.

Novize = _____

Nugat (Nougat) = _____

Notebook = _____

Nuance = _____

5. Suche zu den folgenden deutschen Erklärungen die entsprechenden Fremdwörter mithilfe des Wörterbuchauszuges heraus.

deutsche Erklärung	Fremdwort
Neuheit	
den Atomkern betreffend	
feiner Unterschied	
Neuling	
Computer im Notizbuchformat	
Fachausdruck für „Zahlwort"	

6. Schreibe die Fremdwörter aus Aufgabe 4 und 5 in alphabetischer Reihenfolge auf. Kreise dann die Nomen/Substantive ein, die den Artikel *das* als Begleiter haben.

_____

_____

_____

„das" oder „dass"? – Grammatisches Wissen anwenden

> **Das musst du wissen**
> - Du weißt, dass nur die Konjunktion **dass** mit **ss** geschrieben wird *(Ich hoffe, dass es heute nicht regnet)*.
> - Man schreibt **das**, wenn das Wort ein **bestimmter Artikel** *(das Auto)*, ein **Demonstrativpronomen** *(Dieses/Jenes habe ich gewusst)* oder ein **Relativpronomen** *(Das Buch, das ich lese, gefällt mir)* ist.
> - Um herauszufinden, ob du **das** oder **dass** schreiben musst, kannst du folgende **Regel** anwenden:
>   Wenn man **dieses, jenes** oder **welches** einsetzen kann, schreibt man **das** mit einfachem **s**!
>   Kann man **dieses, jenes oder welches nicht einsetzen**, schreibt man **dass**!

1. Setzt in die Lücken **dass** oder **das** ein.

Der Quastenflosser

Der Quastenflosser lebte bereits vor mehr als 380 Millionen Jahren und ist damit wirklich etwas Besonderes. Forscher hielten ihn lange Zeit für ausgestorben, doch durch _____ Fangen eines Quastenflossers im Jahr 1938 vor der Küste Südafrikas war erwiesen, _____ es diesen Fischen gelungen ist, fast unverändert bis in die heutige Zeit zu
5 überleben.

Man fand durch _____ Befragen der ansässigen Fischer heraus, _____ sie diesen Fisch schon sehr lange kennen. Sie bezeichnen ihn als den König der Meere.
10 Daher ist es wahrscheinlich, _____ dieser Fisch auch noch in einigen anderen Gewässern vorkommt.

Richtig zu schreiben kann man lernen – Tipps für die Rechtschreibung

2. Setze auch in die Lücken der folgenden Fabel **das** oder **dass** ein.

Der Wolf und das Schaf

Ein Schaf wurde von starkem Durst geplagt, _____ es an den Fluss lief, um zu trinken.

Auf der unteren Uferseite stand ein Wolf aus dem gleichen Grund am Wasser. Weil _____ Schaf sich vor dem Räuber sicher wähnte, rief es höhnisch hinüber:

„Herr Wolf, ich mache Ihnen doch nicht etwa _____ Wasser trübe?

5 Habe ich Ihnen nicht vor sechs Wochen nachgeschimpft? _____ glauben Sie nicht? – Nun, wenn ich _____ nicht war, so weiß ich doch ganz genau, _____ es mein Vater gewesen ist." Der Wolf verstand sehr wohl, _____ _____ bitterer Spott war.

Doch weil der breite Fluss das freche Schaf schützte, knirschte er nur mit den

10 Zähnen. Schließlich antwortete er: „Es ist dein Glück, _____ wir Wölfe es gewohnt sind, mit euch Schafen Geduld zu haben."

Danach ging er mit erhobenem Haupt davon, ohne _____ er _____ Schaf noch mit einem einzigen Blick würdigte.

3. Bilde Sätze mit der Konjunktion **dass** wie im Beispiel. Beachte dabei, dass
- du die beiden Sätze durch ein Komma abtrennst,
- es oft zwei Möglichkeiten gibt,
- du bei der Umstellung der Sätze manchmal auch einzelne Wörter umstellen musst.

Beispiel: Tim behauptet, …/Nele hat geschummelt.
Tim behauptet**,** **dass** Nele geschummelt hat.

Mirja hat weitererzählt, …	Jenny hat mich verpetzt.
Cemil glaubt nicht, …	Du hast ihn hereingelegt.
Sie erinnert sich plötzlich daran, …	Die Party fällt aus.
Tom hat bewiesen, …	Er ist mein bester Freund.
Kim hat behauptet, …	Kevin hat Lora ein Briefchen zugesteckt.
Ich bin froh darüber, …	Ich habe heute in Mathe eine Drei geschrieben.
Mia schlägt vor …	Die Klasse unternimmt einen Ausflug.

4. Entscheide, ob in die Lücken des folgenden Textes **das** oder **dass** einzusetzen ist. Streiche jeweils die falsche Schreibweise durch.

Die Schildbürger und die Kuh

Eines Tages spazierte der Bürgermeister von Schilda durch den Ort, um sich zu überzeugen, **das/dass** alles in Ordnung sei. Bei seinem Rundgang sah er, **das/dass** auf einer Mauer frisches Gras und würzige Kräuter wuchsen. In der nächsten Ratssitzung beschloss man daher, **das/dass** die Kuh des Bürgermeisters **das/dass** Gras auf der Mauer abfressen dürfe. Am nächsten Tag wurde Minna daher
5 an die Mauer geführt und aufgefordert, nach oben zu klettern und **das/dass** Gras zu fressen. Aber **das/dass** Tier, **das/dass** die Aufforderung nicht verstand, weigerte sich hartnäckig. Daher brachte ein Schildbürger ein Seil herbei, **das/dass** man der Kuh um den Hals band. Auf der anderen Seite der Mauer zogen einige
10 Schildbürger aus Leibeskräften, um **das/dass** störrische Tier nach oben zu schaffen. Die Schildbürger verwunderte, **das/dass** Minna dort nicht fressen wollte. Man ließ sie also wieder herunter. Da stellten die Schildbürger zu ihrem großen Erstaunen fest, **das/dass** die Kuh nicht mehr lebte.

5. Setze **dass** oder **das** ein. Schreibe in die Klammer die Wortart des eingesetzten Wortes. Benutze folgende Abkürzungen: R. = Relativpronomen, K. = Konjunktion, D. = Demonstrativpronomen, best. A. = bestimmter Artikel.
Beispiel: Das Auto (best. A.), das (R.) schnell fährt, gehört ihm.
Ich freue mich, dass (K.) Pia mich besucht.

• Weißt du nicht, _____ (_____) wir heute einen Vokabeltest schreiben?

• Svenja hoffte, _____ (_____) die Deutscharbeit nicht zu schwer werden

  würde.

• _____ (_____) neue Buch, _____ (_____) wir im

  Unterricht lesen, ist gar nicht so schlecht.

• Milan war verärgert darüber, _____ (_____) Tim ihn hatte warten

  lassen.

• _____ (_____) Schwimmbad wird auch im Sommer beheizt.

  _____ (_____) führt dazu, _____ (_____) viele

  Badegäste auch im Sommer schon frühmorgens schwimmen gehen.

• Die Anmeldungen für _____ (_____) Ferienlager, _____

  (_____) dieses Jahr an einem See stattfindet, erfolgten schon sehr früh.

Hier hilft keine Regel – sich Merkwörter einprägen

F/f, V/v, Pf/pf oder Ph/ph? – f-Laute richtig schreiben

Das musst du wissen
- Die Schreibung der **f-Laute** ist besonders schwierig. Es gibt für die unterschiedlichen Schreibweisen nämlich **keine Regeln** *(Vogel, Pferd, fertig)*. Du musst dir die Schreibweise einprägen.
- Merke dir, dass die Vorsilben **Ver-/ver-, Vor-/vor-** und **Viel-/viel-** mit **V/v** geschrieben werden.

1. Suche aus den folgenden Wörtern jeweils zwei heraus, die gleich oder ähnlich gesprochen, aber verschieden geschrieben werden. Verbinde sie durch eine Linie.

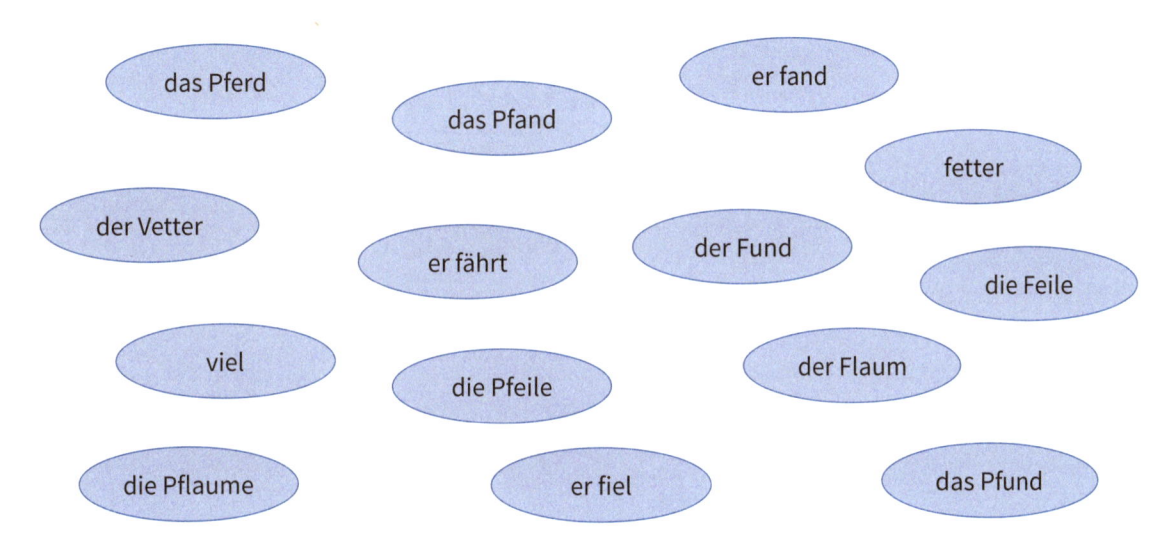

- das Pferd
- das Pfand
- er fand
- fetter
- der Vetter
- er fährt
- der Fund
- die Feile
- viel
- die Pfeile
- der Flaum
- die Pflaume
- er fiel
- das Pfund

2. Trage die Wörter danach in die folgende Liste ein.

Wörter mit einem f-Laut am Anfang

F/f	V/v	Pf/pf

3. Bilde mit den Wortbausteinen in dem Kasten Nomen/Substantive.
- Verbinde die Wortbausteine mit **Ver-** oder **Vor-** und trage sie in die Tabelle ein.
- Es gibt sechs Nomen/Substantive, die du mit beiden Vorsilben bilden kannst.
- Ergänze jeweils den Artikel *(der, die, das)*.

-teil ● -zicht ● -ein ● -abredung ● -urteil ● -änderung ● -fahrt ● -rat ● -band ● -bot ● -garten ● -hang ● -kauf ● -mittag ● -schluss ● -sicht ● -brauch ● -name ● -dienst ● -gnügen ● -wahl ● -hör ● -stand ● -nunft ● -trag ● -fall ● -freude ● -gang ● -schlag ● -warnung

Nomen/Substantive mit der Vorsilbe „Ver-"	Nomen/Substantive mit der Vorsilbe „Vor-"	Nomen/Substantive mit den Vorsilben „Ver-" oder „Vor-"
der Verzicht,	der Vorteil,	der Verrat/der Vorrat,

4. Löst das folgende Silbenrätsel. Kreist jeweils den f-Laut ein.

Geo ● Kla ● Ka ● Frie ● pha ● Vet ● Sta ● ter ● phe ● pfei ● Pro ● Al ● bet ● fer ● gra ● tas ● fen ● fie ● vi ● tro ● Ha ● vier ● den ● tiv ● phe ● Stro ● Va ● se ● ant

- Fachbegriff für Erdkunde: _____
- Das Gegenteil von Krieg: _____
- Der Sohn der Schwester/des Bruders meiner Mutter/meines Vaters: _____

Richtig zu schreiben kann man lernen – Tipps für die Rechtschreibung

- Einheit in einem Gedicht: _____

- wichtigste Tätigkeit des Schiedsrichters: _____

- Nehme ich als Verpflegung mit auf die Wanderung: _____

- Tasteninstrument: _____

- die Ordnung der Buchstaben: _____

- Getreideart: _____

- sehr schlimmes Unglück: _____

- Gerät zum Halten von Kameras: _____

- Gefäß für Blumen: _____

5. Übe die Rechtschreibung der Wörter aus Aufgabe 4.
- Schreibe sie z. B. in alphabetischer Reihenfolge auf,
- zeichne ihre Umrisse und schreibe sie hinein oder
- bilde Sätze mit den Wörtern und diktiere sie dir mit einem Partner/einer Partnerin gegenseitig.

Appell, barfuß, Charakter ... – mit einer Wörterliste üben

> **Das musst du wissen**
>
> Die Wörterliste enthält Wörter, deren Schreibweise du dir einprägen musst.
>
> So kannst du mit der Wörterliste deine Rechtschreibung trainieren:
>
> - **Merke dir mehrere Wörter** und schreibe sie aus dem Gedächtnis auf. Kontrolliere sofort, ob du sie richtig geschrieben hast. Versuche, die Anzahl der Wörter nach und nach zu steigern.
> - Zeichne die **Umrisse** der Wörter in dein Heft und schreibe die jeweiligen Wörter in die Umrisse (H u n d).
> - Suche **Ableitungen** *(Wald – Wälder)*, **Wortverwandte** *(Herbst – herbstlich)*, **andere Formen** *(laufen – laufend/alt – älter)* zu den Wörtern und schreibe sie mit dem Wort zusammen auf.
> - Wähle mehrere Merkwörter aus und bilde **Sätze, in denen sie vorkommen**.
> - **Diktiere** dir mit einem Partner gegenseitig die Merkwörter oder Sätze, in denen sie vorkommen. Korrigiert die Diktate zusammen.

A
abends
Abenteuer
abseits
Aktion
Allee
Alphabet
Angst
Appell
Atlas
aufgrund, auch: auf Grund
ausnahmslos
äußerst

B
bald
Balkon
barfuß
behände
behaupten
Bibliothek
Biologie
bislang
(ein) bisschen

C
Camping
Charakter
Computer

D
daraufhin
dennoch
deutsch
Diktat
direkt
Diskussion

E
Eidechse
einmal
Epidemie
ergänzen
erstmals
erwachsen
Exemplar

F
Fahrrad
faszinierend
Formulierung

G
gar kein
gar nicht
Gips
Giraffe
gesamt
Gesandte
Gräuel

H
heimgehen
heran
herum
heute Morgen
hübsch

I
Illustration
Imbiss
Indianer
interessant
Interview
irgendein
irgendwo

J
Jagd
jahrhundertelang
(ein) jedes Mal
jetzt

KA
Kapitel
kaputt
Kavalier
Klima
Kollege
Kuckuck
Kusine, auch: Cousine

L
längst
(der) Letzte

M
manchmal
Medaille
meistens
Millionen
morgens

N
nachmittags
nachts
nämlich
negativ
noch einmal

O
ordnen
Orientierung

P
Parfüm
Pavian
perfekt
persönlich
Physik
Politik
Polizist
Problem
Projekt

Q
Quadrat
Quelle
quer

R
Redaktion
Rezept
Rudel

S
selbstständig
sogar

T
tags darauf
tagsüber
Tiger
Tourist
trainieren
Tropen

U
überhaupt
unbedingt

V
Veilchen
verabschieden
Verwandte
Video
(auf allen) Vieren
vielleicht
viermal
Vitamine

W
Wachs
während
Wal
Widerstand
wiederholen

Z
zehn
(eine) Zeit lang
Zentimeter
Zeuge
Zeugnis
ziemlich
Zins
Zirkus
zuletzt

Was muss ich üben? – Fehlerschwerpunkte erkennen

Das musst du wissen
- Damit du deine Rechtschreibung verbessern kannst, ist es wichtig zu lernen, **Fehler selbst zu erkennen** und zu **berichtigen**.
- Versuche auch, bestimmte **Fehlerschwerpunkte** zu **erkennen**. Überlege dir, ob du mehrere Fehler einem Bereich zuordnen kannst (z. B. *Groß- und Kleinschreibung* oder *s-Laute*). Dann kannst du gezielt an der Vermeidung dieser Fehler arbeiten.

1. Die folgenden Wörter oder Wortgruppen im Speicher enthalten jeweils einen Fehler. Ordnet sie in der richtigen Schreibweise einem Fehlerschwerpunkt in der Tabelle zu.

> trehten • Dekel • Walt • liep • zusammensein • Waser • das üben • die Haus Tür • stelen • Schloß • Mittags • Robboter • entspanen • am morgen • interesant

Vorsicht, Fehler!

❶ Schreibweise nach kurzem Vokal	❷ Schreibweise langer Vokale
❸ Groß- und Kleinschreibung	❹ s-Laute
❺ Fremdwortschreibung	❻ gleich oder ähnlich klingende Laute
❼ Getrennt- oder Zusammenschreibung	

2. Die folgende Inhaltsangabe hat ein Schüler geschrieben. Sie enthält noch elf Rechtschreibfehler. Lies den Text aufmerksam und korrigiere die markierten Wörter: Streiche die Wörter durch und schreibe sie richtig darüber.

„Der Zahnarzt" von Johann Peter Hebel – Eine Inhaltsangabe

Die Erzälung „Der Zahnarzt" von Johann Peter Hebel handelt von zwei kleinen Gaunern, die die Gutgläubigkeit einiger Gasthausbesucher ausnuzen und so zu Gelt kommen.

Zwei Tagediebe befinden sich in Geldnot und denken sich einen Plan aus, um an Geld zu kommen. Sie betteln sich etwas Brot zusammen, aus dem sie kleine Kügelchen formen, die wie
5 Tableten aussehen. Diese verpacken sie dann in buntes Papier.

Der eine Tagedieb geht nun in ein Wirtshaus, jammert und hält sich die eine Wannge, sodass alle Wirtshausbesucher glauben, er habe Zahnschmerzen. Zunächst bedauern sie ihn, setzen dann aber ihre Gespräche fort.

Nun betritt auch der zweite Tagedieb das Wirtshaus, tut so, als ob er seinen Freund nicht
10 kenne, und sagt ihm, dass er ihm helfen könne, seine Zahnschmerzen loszuwerden. Er sei Docktor und habe pillen gegen Zahnschmerzen. Er müsse nur eine Pille auf den schmerzenden Zahn legen, kräftig zubeißen und schon verschwinde der Schmerz. Nun werden die anderen Gäste wieder aufmerksam und beobachten, was pasiert. Der andere Gauner tut, wie der
15 angebliche Doktor befohlen hat, schreit dann aber auf, als ob er einen kräftigen Schmerz verspühre. Der angebliche Doktor versichert ihm, nun sei der
20 Schmerz gebrochen und er müsse schnell noch eine zweite Pille nehmen. Dies tut der angebliche Patient

und plötzlich scheint der Schmerz verschwunden. Der Gauner springt auf, dannkt dem vermeintlichen Doktor, tut so, als ob er ihm Geld geben würde, und verlässt das Wirtshaus. Die anwesenden Wirtshausgäste sind von der Heilkunst des angeblichen Doktors sehr beeindruckt und wollen nun auch die Wunderpillen haben, die ihnen der Tagedieb für teures Geld verkauft.

Die beiden Gauner treffen sich dann später wieder, lachen über die dummheit der Wirtshausbesucher und freuen sich über das leicht verdiente Geld.

3. Berichtige die Fehler. Du findest im Folgenden mehrere Möglichkeiten, einen Fehler sinnvoll zu berichtigen. Entscheide jeweils selbst, welche Möglichkeit du für sinnvoll hältst.
- Zeichne den Umriss des Wortes und trage es ein (z. B. W a l d).
- Bilde einen neuen Satz, in dem das Wort vorkommt.
- Schreibe eine Erklärung für die richtige Schreibweise auf.
- Lass dir die Wörter, die der Schüler falsch geschrieben hat, diktieren.

4. Versuche, die Fehlerwörter in der richtigen Schreibweise den Fehlerschwerpunkten von Aufgabe 1 auf S. 87 zuzuordnen. Schreibe die entsprechende Zahl (1 = Schreibweise nach kurzem Vokal/2 = Schreibweise nach langem Vokal …) in Klammern hinter das Wort.

Erzählung (2)

Teste dich selbst! – Tipps zur Rechtschreibung

(zu erreichende Punkte / eigene Punkte)

1. Setze bei den folgenden Wortpaaren den fehlenden Buchstaben ein. Sprich die Laute, durch die die Wörter eines Wortpaares eine unterschiedliche Bedeutung haben, laut und deutlich aus.

- ___acken (den Koffer) – ___acken
- ___eich (kleiner See) – ___eich
- sin___en (untergehen) – sin___en
- ___reis (alter Mann) – ___reis
- En___el (Kindeskind) – En___el
- ___rippe (Krankheit) – ___rippe

12 / ___

2. Schreibe die Wörter in der richtigen Schreibweise auf.

> die W?derholung • die W?derrede • w?derlich • w?derkommen • der W?derspruch
> • w?derbekommen

6 / ___

_____

_____

3. Suche die deutsche Bedeutung für die folgenden Fremdwörter aus den Wörterbuchausschnitten heraus und schreibe sie auf.

Kommentar = _____

mental = _____

psychisch = _____

Perfektion = _____

Kom|men|tar, der; -s, -e (lat.) (Erläuterung, Auslegung; kritische Stellungnahme; *ugs. für* Bemerkung); **kom|men|tar|los**; **Kom|men|ta|tor,** der; -s, ...oren (Verfasser eines Kommentars; Journalist o. Ä., der regelmäßig kommentiert); **Kom|men|ta|to|rin**; **kom|men|tie|ren**; **Kom|men|tie|rung** [...].

men|tal (lat.) (geistig; gedanklich); **Men|ta|li|tät,** die; -, -en (Denk-, Anschauungsweise; Sinnes-, Geistesart); **Men-**

tal|re|ser|va|ti|on (*Rechtsspr.* stiller Vorbehalt) [...]

per|fekt (lat.) (vollendet, vollkommen [ausgebildet]; abgemacht; gültig); **Per|fekt** [*auch* ...fekt], das; -[e]s, -e *Plur. selten* (*Sprachw.* Vollendung in der Gegenwart; Vorgegenwart); **per|fek|ti|bel** (vervollkommnungsfähig); ...tible (↑R 130) Dinge; **Per|fek|ti|bi|lis|mus,** der; - (*Philos.* Lehre von der Vervollkommnung [des Menschengeschlechtes]); **Per|fek|ti-**

bi|list, der; -en, -en (↑R 126); **Per|fek|ti|bi|li|tät,** die; - (Vervollkommnungsfähigkeit); **Per|fek|ti|on,** die; - (Vollendung, Vollkommenheit); **per|fek|ti|o|nie|ren**; **Per|fek|ti|o|nis|mus,** der; - (übertriebenes Streben nach Vervollkommnung): [...]

psy|chisch (seelisch); psychische Krankheiten, Störungen; die psychische Gesundheit

4 / ___

Richtig zu schreiben kann man lernen – Tipps für die Rechtschreibung

4. Ergänze in dem folgenden Satz **das** oder **dass**.

> _____ weiß ich doch, _____ _____ Wort *dass* eine Konjunktion ist. *Dass* ist also ein Bindewort, _____ mit **ss** geschrieben wird und einen Nebensatz einleitet.

4 / ____

5. Setze auch in den folgenden Sätzen **dass** oder **das** ein.

Komische Sprüche

- „Papi, in der Zeitung steht, _____ eine Frau aus deinem Garten Obst gestohlen und daraus Saft gepresst hat. Ist _____ Diebstahl oder Erpressung?"

- Wer einen Streit vom Zaun bricht, darf sich nicht wundern, _____ es Kleinholz gibt.

- Weißt du, _____ der, der viel verlieren kann, schon viel gewonnen hat?

4 / ____

6. Entscheide, ob die unvollständigen Wörter in dem folgenden Text mit **F/f** oder **V/v** geschrieben werden. Setze den richtigen Buchstaben ein.

Wissenswertes über Vampire

____ielleicht weißt du ja, dass sich Geschichten über Vampire zunächst auf dem ____ernen Balkan ____erbreitet haben. Sie sind dort ein fester Bestandteil des ____olksglaubens. Der
5 Legende nach sind Vampire unsterblich. Da sie nicht ausreichend mit Blut ____ersorgt sind, ist ihr Gesicht ganz weiß. Sie ____er____ügen über ____urchterregende Eckzähne. ____on Vampiren Gebissene sollen sich selbst in Vampire
10 ____erwandeln. Vampire ____ürchten sich angeblich ____or Knoblauch.

12 / ____

mögliche Punkte: 42 / erreichte Punkte: ____

Wal, ohne, Meer ... – verschiedene Schreibweisen langer Vokale üben

Das musst du wissen
Wichtig für die Rechtschreibung ist, dass du **heraushörst**, ob betonte **Vokale lang (Dehnung)** oder **kurz (Schärfung)** ausgesprochen werden. Die **lang ausgesprochenen Vokale** werden auf unterschiedliche Weise geschrieben:
- mit **einfachem Vokal** ohne Dehnungszeichen *(Wal, Dose, Not)*,
- mit dem **Buchstaben h** als Dehnungszeichen *(ohne, Lohn, dehnen)*,
- mit **doppeltem Vokal** *(Meer, Boot, Klee)*.

1. Die folgenden Wortpaare enthalten einmal einen kurzen und einen langen Vokal. Unterstreiche den langen Vokal und kennzeichne den kurzen Vokal durch einen Punkt.
Beispiel: Wal – Wall

Wal – Wall   Rat – Ratte   Ton – Tonne   Hütte – hüten

Mut – Mutter   buddeln – Bude   Sohn – Sonne   Maß – Masse

2. Trage die folgenden Wörter in die Liste ein.

Kugel, Kühlschrank, Ohr, Meter, Theater, belohnen, Person, Tomate, Schokolade, pflegen, Pistole, See, Kaffee, bügeln, Schnee, doof, Haar, Beere, Ton, Meer, Zoo, Kuhle, Söhne

lang ausgesprochene Vokale		
ohne Kennzeichnung der Dehnung	mit Kennzeichnung der Dehnung: Vokalverdopplung	mit Kennzeichnung der Dehnung: Dehnungs-h

Mit und ohne Dehnungszeichen – lange Vokale richtig schreiben 93

3. In dem folgenden Buchstabengitter sind über 30 Wörter mit einem lang gesprochenen Vokal versteckt. Sie werden alle mit einfachem **a**, **e**, **i**, **o**, **u**, **ä**, **ö** oder **ü** geschrieben. Versuche, möglichst viele zu finden, und schreibe sie in dein Heft.

G	R	A	B	E	N	H	L	Ü	G	E	B	S	F	G
X	Ü	S	T	R	O	M	S	C	H	Ö	N	C	E	E
T	G	D	R	M	U	T	I	G	L	U	T	H	G	G
U	E	S	T	G	B	H	W	R	Z	L	Y	Ü	E	E
R	G	U	T	F	E	Z	M	A	L	E	N	L	N	N
N	O	T	P	S	Q	P	R	Z	G	K	X	E	Ä	D
E	R	C	W	C	U	R	A	D	T	Ü	R	R	P	H
N	A	S	E	H	E	L	T	R	G	J	B	G	O	O
M	B	U	G	A	M	R	E	G	R	O	B	L	B	F
M	E	L	P	L	T	Z	N	H	O	S	E	A	E	R
K	R	A	N	S	B	Ö	S	E	H	H	M	S	N	Ü
N	Ö	R	G	E	L	N	S	A	M	E	N	Ö	O	D
L	A	N	G	S	A	M	W	J	Ä	G	E	R	Ü	E
Q	U	E	R	J	U	W	E	L	E	N	K	L	T	K
T	A	T	Ö	S	C	H	W	A	N	K	U	G	E	L

4. Findet zu den Wortstämmen möglichst viele verwandte Wörter und schreibt sie auf.

Wohn-/wohn-: _____

_____

_____

Fahr-/fahr-: _____

_____

_____

Zahl-/zähl-: _____

_____

_____

Mit und ohne Dehnungszeichen – lange Vokale richtig schreiben

5. Ergänze in der folgenden Tabelle die fehlenden Formen.

Infinitiv	1. Pers. Sing. Präsens	1. Pers. Sing. Präteritum	1. Pers. Sing. Perfekt
drehen			ich habe gedreht
sehen		ich sah	
	ich nähe		
		ich stahl	
			ich bin geflohen
	ich befehle		

6. Trage in dem folgenden Text die fehlenden Buchstaben ein. Es handelt sich immer um einen betonten langen Vokal mit einem **h** als Dehnungszeichen.

Bedr_____ung der Tierwelt

Viele Tierarten sind zun_____mend vom Aussterben bedr_____t. Dazu z_____len zum Beispiel die Haie, Wale und Berggorillas. Sie werden
⁵ rücksichtslos von Menschen gejagt und getötet, obw_____l sie unter Naturschutz st_____en.
Andere Arten sterben aus, weil die Menschen ihnen die N_____rungs-
¹⁰ grundlage n_____men, indem sie deren Lebensraum zerstören.
Hier muss schnell etwas gesch_____en, damit die Artenvielfalt der Erde erhalten bleibt.

7. Ergänze jeweils **ee, aa** oder **oo** und schreibe die Wörter in dein Heft.

H??r • B??t • M??r • B??re • B??t • W??ge • S??l • Z?? • St??t • Kaff?? • T??r • F?? • S??t • ??l • Schn?? • Kl?? • M??s • T?? • S?? • Sp??r

Mit und ohne Dehnungszeichen – lange Vokale richtig schreiben

Meistens mit ie – Wörter mit langem i-Laut richtig schreiben

Das musst du wissen

- Du schreibst den langen i-Laut **meistens mit ie** *(liegen, spielen, Liebe, viel)*.
- Es gibt jedoch auch **Ausnahmen**, bei denen der lange i-Laut mit einem **einfachen i** geschrieben wird. Diese musst du dir **einprägen** (z. B.: *mir, wir, Tiger, Klima*).
- Bei den folgenden Pronomen schreibst du den langen i-Laut mit **ih**:
  ihr, **ih**re, **ih**ren, **ih**rem, **ih**rer, **ih**m, **ih**n und **ih**nen.

1. Suche aus dem Buchstabenquadrat möglichst viele Wörter, die mit **ie** geschrieben werden, heraus. Schreibe sie in dein Heft und finde anschließend mindestens vier Reimpaare.

K	K	D	R	D	I	E	S	E	R	L	T
O	R	I	S	X	M	Z	A	B	I	I	I
P	I	E	P	B	I	E	S	T	E	E	E
I	E	N	I	Y	E	Y	K	B	S	D	R
E	G	S	E	Z	F	X	R	Z	E	T	C
L	K	T	G	B	Y	D	I	I	C	I	V
S	T	I	E	F	E	L	E	E	B	E	I
F	K	B	L	Z	X	C	C	L	A	F	E
R	I	E	G	E	L	B	H	T	I	E	R
R	I	E	C	H	E	N	E	D	Y	X	D
M	F	A	X	Y	X	A	N	E	F	H	F
N	S	C	H	I	E	F	D	I	E	B	G

2. Schreibe die folgenden Wörter mit einfachem **i** in alphabetischer Reihenfolge auf:

> Bibel • wir • Risiko • Mimik • Kino • Tiger • Biber • Igel • Nische • dir • mir • Klinik • (du) gibst

Mit und ohne Dehnungszeichen – lange Vokale richtig schreiben

3. Ersetze die unterstrichenen Nomen/Substantive durch ein Pronomen mit **ih**.

a) Pauline liebt Paul. – Sie liebt _____ .

b) Er schenkt Pauline eine CD. – Er schenkt _____ eine CD.

c) Maja leiht den beiden ein Zelt. Maja leiht _____ _____ Zelt.

d) Pauline verspricht Paul ein Wiedersehen. – Pauline verspricht _____ ein Wiedersehen.

e) Maja und Lars wollte sich mit Pauline und Paul treffen. – Maja und Lars wollen sich mit _____ treffen.

4. Bei dem folgenden Text fehlen die i-Laute. Schreibe ihn vollständig und in der richtigen Schreibweise auf.

Was unterscheidet Reptilien von Säugetieren?

D? Rept?lien, auch Kr?chtiere genannt, sind W?rbeltiere. Das heißt, s? haben wie Vögel, F?sche und Säugetiere ein starres Knochengerüst mit einer W?rbelsäule.
Zu ?nen gehören die Schlangen, Krokod?le, Eidechsen und
₅ Sch?ldkröten.
D? Rept?lien werden an Land geboren und atmen Luft. Das unterscheidet sie von den F?schen. Im Gegensatz zu den Säugetieren sind die Kr?chtiere stets so warm oder kalt w?
?re Umgebung. Bei Kälte erstarren sie. Säuget?re haben dagegen einen ?nneren Mechan?smus, der dafür sorgt,
₁₀ dass ?re Körpertemperatur ?mmer gleich bleibt.

Mit und ohne Dehnungszeichen – lange Vokale richtig schreiben

97

Teste dich selbst! – Lange Vokale richtig schreiben

1. Sprich die markierten Wörter deutlich aus und höre genau hin. Unterstreiche die markierten Wörter, die einen langen Vokal haben, und kreise die Wörter mit einem kurzen Vokal ein.

(zu erreichende Punkte / eigene Punkte)

Warum nehmen Nashörner Schlammbäder?

Nashörner fressen früh am Morgen. In der Hitze des Tages halten sie sich gern in Schlammlöchern oder Sümpfen auf. Das kühlt die massigen Tiere und sorgt dafür, dass sich Parasiten nicht festsetzen und Insekten ihre Eier nicht auf der Nashornhaut ablegen. Außerdem heilen Wunden und Entzündungen unter solchen Schlammpackungen besser aus.

20 / ____

2. Ergänze bei den Wörtern jeweils die richtige Schreibweise. Achte auf die Angabe in der Klammer.

aa/a?	W( )gen (zum Fahren) – W( )gen (Geräte zum Wiegen)
a/ah?	W( )l (Säugetier) – W( )l (von Abgeordneten)
o/oo?	B( )te (jemand, der etwas überbringt) – B( )te (zur Fortbewegung auf dem Wasser)
a/ah?	M( )l (Essen) – M( )l (Zeichen/Grenzstein)

8 / ____

3. Vervollständige die Lücken in dem folgenden Text. Du musst immer die Schreibweise der langen Vokale ergänzen.

Wie überleben Kaiserpinguine den antarktischen Winter?

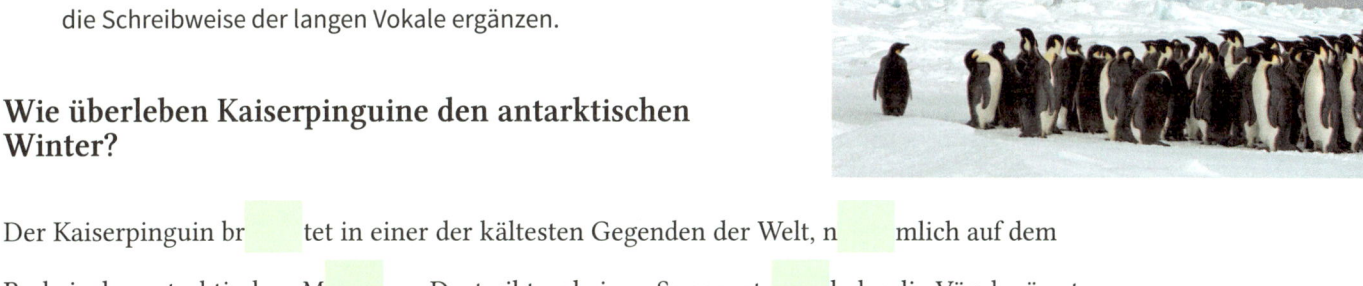

Der Kaiserpinguin br____tet in einer der kältesten Gegenden der Welt, n____mlich auf dem Packeis des antarktischen M____res. Dort gibt es keinen Sonnenstr____l, der die Vögel wärmt. Die Männchen st____en bei eis____ger Kälte wochenlang auf dem Eis und h____ten zu ihren F____ßen das Pingu____nei. Obw____l d____se V____gel mit einem dichten Federkleid
5 g____t wärmegedämmt sind, würden s____ bei fallenden Temperaturen von bis zu minus fünfzig Gr____d erfr____ren. Damit d____s nicht gesch____t, rücken die Pingu____ne ganz dicht aneinander und bilden so r____s____ge Kolon____n. Die innen st____enden Männchen haben es am wärmsten, w____rend die außen st____enden Pinguine eine Schutzmauer gegen den eis____gen Wind bilden.

26 / ____

mögliche Punkte: 54 / erreichte Punkte: ____

Ball, Lippe, Schiff – Konsonanten verdoppeln

> **Das musst du wissen**
> - Wenn du **nach einem kurzen, betonten Vokal** nur **einen Konsonanten hörst**, wird dieser meistens **verdoppelt** *(alle, Kasse, kommen)*.
> - Hörst du **zwei oder mehr verschiedene Konsonanten**, wird keiner verdoppelt *(Mensch, Lampe, Bild)*.

1. Ergänze bei den folgenden Wörtern den verdoppelten Konsonanten. Kennzeichne den kurzen Vokal durch einen Punkt.

Be_____   Gira____e   Flo____e   Mu____er   ko____en

Da____   Progra____   Sta____   zusa____en   Bu____er

2. Die Verdoppelung des Konsonanten bleibt in allen verwandten Wörtern bestehen. Findet zu den folgenden Wörtern möglichst viele verwandte Wörter.

- die Hoffnung – _____
- schwimmen – _____
- rennen – _____
- können – _____

3. Ergänzt in dem folgenden Text die Lücken. Sprecht die Wörter deutlich aus und hört genau hin, ob ihr einen oder mehrere Konsonanten nach dem kurzen Vokal hört.

Wie entsteht eine Versteinerung?

We____ der Kö____er eines toten Tieres Wi____ und Wetter ausgesetzt ist, zerfä____t er rasch. We____ er aber lu____dicht eingeschlossen wird, dann ka____ es passieren, dass er im Laufe von vielen Tausend Jahren versteinert. Die meisten Versteinerungen sta____en von Lebewesen, die im oder am Was-
5 ser gelebt haben. Dort he____-schen nämlich ganz beso____ere Bedi____ungen, damit Versteinerungen entstehen kö____en.

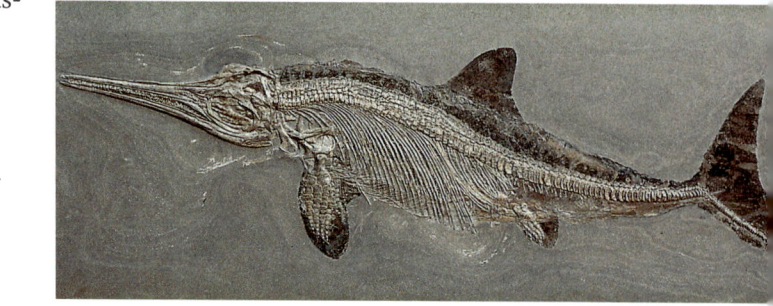

Doppelte Konsonanten, ck und tz – kurze Vokale richtig schreiben

k und z werden nicht verdoppelt! – Wörter mit ck und tz richtig schreiben

Das musst du wissen
- Hörst du **nach einem kurzen Vokal** nur ein **k oder z,** dann werden sie nicht verdoppelt. Du schreibst diese Wörter mit **ck oder tz** (*We**ck**er, Bä**ck**er, Ta**tz**e, kra**tz**en*).
- Wenn du **zwischen dem kurzen Vokal und dem k oder z einen anderen Konsonanten** (z. B. l, m, n, r) hören kannst, wird dieses Wort mit **k oder z** geschrieben (*Nel**k**e, War**z**e, Ta**n**k*).

1. Ergänze die fehlenden Reimwörter.

a) we**ck**en, schm_____, entd_____, r_____, st_____,

   erschr_____, n_____

b) zwi**ck**en, n_____, kn_____, t_____, str_____,

   st_____

c) schmü**ck**en, r_____, L_____, dr_____, gl_____,

   M_____, pfl_____

d) Bro**ck**en, S_____, Gl_____, l_____, tr_____,

   h_____

e) pe**tz**en, vern_____, h_____, s_____, F_____

f) Hi**tz**e, R_____, S_____, Spr_____, W_____,

   Sp_____

g) bli**tz**en, fl_____, s_____, sp_____, schw_____

h) Fra**tz**e, G_____, K_____, T_____, Matr_____

2. Suche aus der Wortschlange alle Wörter heraus. Versuche, möglichst viele Reimwörter zu den einzelnen Wörtern zu finden. Schreibe die Wörter mit ihren Reimwörtern in dein Heft.

STÜTZESCHMECKENPLATZSTÜCKESETZENECKIG

Doppelte Konsonanten, ck und tz – kurze Vokale richtig schreiben

3. Suche zu den folgenden Wörtern möglichst viele verwandte Wörter. Arbeite dabei mit einem Wörterbuch.

Sitz – _____

Schmutz – _____

backen – _____

hacken – _____

kratzen – _____

4. Bilde zu den folgenden Verben jeweils die 1. Person Plural Präsens und die 3. Person Plural Präteritum. Setze die Formen in die Tabelle ein.

> petzen • lenken • tanzen • sich bedanken • winken • sich setzen

Infinitiv	1. Person Plural Präsens	3. Person Plural Präteritum
petzen	wir petzen	wir petzten

5. Setze in die folgenden Wörter entweder **k** oder **z** ein. Sprich sie laut und deutlich aus, um ihre Schreibweise herauszuhören.

Nel____e, Pel____e, Ker____e, Schmer____, flin____, (sich) zan____en, wan____en,

ran____ig, Bal____en, Mär____, mel____en, War____en, Scher____, Ker____er,

Stur____, Win____el, kür____en, Par____, zwan____ig, schmin____en, Her____,

Pflan____e, gan____, En____el, Fal____e, ein____ig, grun____en

6. Schreibe die Wörter der ersten beiden Zeilen aus Aufgabe 5 in alphabetischer Reihenfolge in dein Heft.

Doppelte Konsonanten, ck und tz – kurze Vokale richtig schreiben 101

Teste dich selbst! – Kurze Vokale richtig schreiben

1. Ergänze die folgenden Rechtschreibtipps.

- Hörst du nach einem kurzen Vokal einen _____, dann wird dieser in der Regel _____.

- Hörst du nach einem kurzen Vokal nur ein **k** oder **z**, dann schreibst du diese Wörter mit _____ und _____.

8 / ___

2. Vervollständige die Wörter in dem folgenden Text.

Der geheimnisvolle Keeper

In dem Jugendbuch „Keeper" von Mal Peet erzählt der Torwart El Gato seine Geschichte.
Er erzählt, dass er in einer Holzfällersiedlung mitten im Urwald aufgewachsen ist. Im Urwald trifft er auch auf den geheimnisvollen Keeper, der ihn trainiert und zum besten Torwart der Welt macht. Im folgenden Textauszug erfährst du, wie El Gato den geheimnisvollen Keeper bei seinen Streifzügen durch den Urwald das erste Mal trifft.

Dann schaute ich nach rechts. Und ersta____te. Dort sta____d, mit der Rü____seite zu den Bäumen, ein Tor. Ein Fußba____tor. Zwei Pfo____ten und eine La____e. Mit Ne____. […]

Es schien eine Ewigkeit, mein ga____es Leben zu dauern, bis ich das Tor erreich-

5 te. Als ich dort war, stre____te ich die Hä____de aus und fasste das Ne____ an. Es war fe____t und in einem guten Zustand, trotz seines hohen A____ters. Ich war vollko____en baff und sta____d nur so da, die Finger in den Maschen, mit dem Rü____en zur Lichtung, und versuchte vergebens, mir einen Reim darauf zu machen. Auf einmal war ich mir sicher, dass ich nicht a____ein war. Ich zwa____g mich, mich umzudrehen. […]

10 Es war ein Torhüter, aber solche Sachen, wie er sie trug, ha____e ich noch nie gesehen. Er trug einen hochgeschlossenen Stri____pulli. Grün, wie der Wa____d. Und la____ge Shorts aus schwerer Baumwo____e. Er trug eine a____tmodische Schlägermü____e mit einem großen Schi____d. Unterm li____ken Arm hatte er einen Fußball aus Leder, mit so einem Ba____steinmuster.

15 Da sta____den wir also und fixierten einander. Ich zi____erte wie ein Bla____ im Regen. Der Keeper sprach, und das jagte mir erst richtig A____gst ein. Und er sagte Folgendes:

„Da. Dein Pl____. Da gehörst du hin."

33 / ___

mögliche Punkte: 41 / erreichte Punkte: ___

Das Schöne, beim Laufen, ins Schwarze ... – nominalisierte/substantivierte Wörter großschreiben

> **Das musst du wissen**
> - **Wörter**, die keine Nomen/Substantive sind, musst du **großschreiben**, wenn sie im Satz **als Nomen/Substantive verwendet werden**.
> - Vor Verben, Adjektiven oder anderen Wortarten, die als Nomen/Substantive verwendet werden, findest du **häufig** einen **Begleiter** *(das Schöne, im Folgenden, viel Gutes)*. Fehlt der Begleiter, kannst du ihn oft ersetzen *(Joggen ist gesund → (Das) Joggen ist gesund)*.

1. Setze in den folgenden Sätzen die fehlenden Buchstaben in der richtigen Schreibweise ein.

a) Hassan bekam nach dem langen [ ]aufen einen Muskelkater.

b) Der Kommissar tappte bei der Lösung des Falls lange im [ ]unkeln.

c) Meine Mutter ist beim [ ]ernsehen eingeschlafen.

d) Der Dieb suchte das [ ]eite, nachdem er von dem Wachhund ins Bein gebissen wurde.

e) Das [ ]ochen in der Schulküche machte den Kindern viel Spaß.

f) Das laute [ ]ellen unseres Nachbarhundes in der Nacht weckte uns alle auf.

g) Das [ ]rüne an der neu gestrichenen Hauswand verärgerte den Besitzer.

h) Der Autofahrer fuhr bei [ ]ot über die Ampel und wurde deswegen von der Polizei angehalten.

i) Der Dieb wurde beim [ ]tehlen im Kaufhaus ertappt und gestellt.

j) Während des Regenschauers waren alle froh, im [ ]rockenen zu sitzen.

k) Das [ ]pannende des Krimis wurde durch die Musik besonders unterstützt.

l) Du hast genau ins [ ]chwarze getroffen.

2. Setze auch in den folgenden Satzpaaren die fehlenden Buchstaben in der richtigen Schreibweise ein.

a) Das [ ]ernen mit anderen macht viel mehr Spaß.

Morgen [ ]erne ich mit meiner Freundin Alina.

b) In verkehrsberuhigten Bereichen dürfen Autos nur ganz langsam [ ]ahren.

Das [ ]ahren mit einem Einrad erfordert viel Geschick.

c) Nach der Schlittenfahrt freuten sich alle auf etwas [ ]armes.

An [ ]armen Tagen ist das Freibad besonders voll.

Was man alles auch großschreibt – Groß- und Kleinschreibung

d) Es ist gefährlich, in unbekannten Gewässern zu **S**chwimmen.

Ich treffe mich im Sommer fast jeden Tag mit meinen Freunden im Freibad zum **S**chwimmen.

e) Das häufige **H**ören von lauter Musik kann sich schlecht auf das Gehör auswirken.

Wegen des lauten Kraches, der von der Baustelle kam, konnte ich das Läuten des Telefons nicht **h**ören.

f) Das **S**ummen der Wespe hörte ich erst, als sie sich zum Stechen schon auf meinen Zeh gesetzt hatte.

Meine Schwester **s**ummte schon beim Frühstück ein Lied. Das ist bei ihr ein Zeichen für gute Laune.

3. Die folgenden Auszüge aus Werbesprüchen enthalten nominalisierte/substantivierte Adjektive. Schreibe sie in der richtigen Schreibweise auf.

ALLES GUTE

SO BLEIBEN SIE AUF DEM LAUFENDEN

NUR DAS BESTE

DAMIT SIE NICHT IM TRÜBEN FISCHEN MÜSSEN

FÜR DIE, DIE DAS BESONDERE SCHÄTZEN

ETWAS HEISSES

EINE FAHRT INS GRÜNE

FÜR DIE KLEINSTEN NUR DAS NATÜRLICHE

VIEL GUTES AUS DER NATUR

DAS SCHÖNSTE AM SCHLUSS

ÖFTER MAL WAS NEUES

ESSEN VOM FEINSTEN

Was man alles auch großschreibt – Groß- und Kleinschreibung

4. Arbeitet folgendermaßen mit den beiden Texten auf dieser Seite:
   - Setzt die fehlenden Buchstaben ein.
   - Diktiert euch anschließend gegenseitig einen oder beide Texte mit einer Partnerin oder einem Partner. Wechselt nach jedem Satz die Rolle des Diktierenden und des Schreibenden.

Riesige Reptilien

Die Leistenkrokodile, die von Ceylon bis in die Regionen der Südsee hinein verbreitet sind, gelten als die ▢rößten ▢ebenden Echsen und können eine Länge von bis zu sieben Metern und ein Gewicht von bis zu einer Tonne erreichen. Diese Tiere leben vornehmlich in Flussmündungen, man kann ihnen aber auch auf dem ▢ffenen Meer begegnen. Ein solches ▢usammentreffen kann sehr ▢urchterregend und auch ▢efährlich sein, da Leistenkrokodile fast alles ▢ressen und gegen etwas ▢eues auf dem Speiseplan nichts einzuwenden haben. Allerdings halten diese Echsen keine langen Verfolgungsjagden durch. Eine zu große Anstrengung kann das ▢bersäuern des Blutes und dadurch das ▢terben eines solchen Tieres zur Folge haben.

Wertvolles Papier

Briefmarken erreichen immer wieder sehr ▢ohe Preise. Die wohl ▢euerste und ▢ekannteste Briefmarke der Welt ist die Blaue Mauritius. Aber auch andere Marken erzielen ▢ekordverdächtige Preise. Eine Marke aus Schweden, die durch einen Fehldruck ▢elb statt ▢rün wurde, ist heute etwas sehr ▢eltenes und daher von ▢roßem Sammlerwert.
Auch Marken, die von ▢erühmten Künstlern bemalt wurden, erzielen hohe Preise, so auch die Marke, die von dem französischen Künstler Dégas mit einer Tänzerin bemalt wurde und die vor einigen Jahren für ▢iel Geld den Besitzer wechselte. Vielleicht sollten wir auch mit dem ▢ammeln beginnen – wer weiß, ob eine der Marken nicht auch irgendwann einen Seltenheitswert hat und damit zu etwas ▢esonders ▢ertvollem wird.

Blaue Mauritius

Teste dich selbst! – Groß- und Kleinschreibung

1. Der folgende Text enthält einige Nominalisierungen/Substantivierungen. Unterstreiche sie.

Josef Wittmann
Dornröschen

Schlaf weiter:
Ich bin kein Prinz,
ich hab kein Schwert
& keine Zeit
5 zum Heckenschneiden
Mauerkraxeln
Küsschengeben &
Heiraten …

Ich muss morgen früh
10 zur Arbeit gehen
(sonst flieg ich raus)

Ich muss zum Träumen
auf den Sonntag warten

zum Denken auf den
15 Urlaub.

Schlaf weiter
& träum die nächsten
100 Jahre
vom Richtigen.

(zu erreichende Punkte / eigene Punkte)

14 / ____

2. Setze bei den folgenden Satzpaaren die fehlenden Buchstaben in der richtigen Schreibweise ein.

a) Ich bestelle mir mit meinem Freund eine Pizza zum ____ itnehmen.

In das Hotel darf man keine Hunde ____ itnehmen.

b) Das ____ ngewisse macht den Reiz aus.

Der Ausgang des Spiels blieb bis zum Schluss ____ ngewiss.

c) Der Blick des Chemielehrers vor der Rückgabe des Tests verhieß nichts ____ utes.

Elena hatte nach der Englischarbeit ein ____ utes Gefühl.

d) Timo ____ chnitt sich beim Basteln so tief in den Finger, dass dieser genäht werden musste.

Beim ____ chneiden von Zwiebeln fangen die Augen sehr schnell an zu tränen.

e) Das ____ rüne in der Soße war Aylin unheimlich.

Die ____ rüne Farbe des Autos gefiel mir nicht besonders.

20 / ____

mögliche Punkte: 34 / erreichte Punkte: ____

Schreibt man das Wort mit s, ss oder ß? – s-Laute

Meistens hörst du ein gesummtes s – Wörter mit einfachem s richtig schreiben

Das musst du wissen
- Für den **stimmhaften, gesummten s-Laut** gibt es nur eine Schreibweise. Er wird **immer** mit **einfachem s** geschrieben (le*s*en, Ro*s*e, Ha*s*e).
- Bei einigen Wörtern, die mit einfachem **s** geschrieben werden, hörst du am **Wortende** einen **gezischten s-Laut** (Hau*s*, Prei*s*, er lie*s*t). Du kannst die **richtige Schreibweise ableiten**, indem du das **Wort verlängerst** oder **verwandte Wörter** suchst (Haus – Häu*s*er, Preis – Prei*s*e, er liest – le*s*en – Le*s*er).

1. Unterstreiche die Wörter, bei denen du ein gesummtes, weich ausgesprochenes **s** hören kannst.

Rasen, Haus, küssen, Vase, Gras, er döst, Maus, Pass, sie rast, Dose, lesen

Bluse, Rose, Tasse, Meise, Besen, er niest, Laus, Fels, Tresen

2. In dem folgenden Text finden sich 15 Wörter, bei denen ihr einen gesummten, weich ausgesprochenen s-Laut hören könnt. Versucht, alle 15 Wörter zu finden, und kreist sie ein.

Intelligente Verwandte

Abgesehen vom Menschen gibt es wohl kaum ein Lebewesen, das so viele

Werkzeuge selbst herstellt wie der Schimpanse. Sehr oft dienen ihm diese

in irgendeiner Weise zum Nahrungserwerb. Schimpansen verwenden zum

Beispiel Steine, die Einbuchtungen aufweisen, um Nüsse zu knacken. Sie

5 legen die Nüsse in eine der Einbuchtungen oder Mulden und knacken die Nüsse mit einem Stock, den sie als

Hammer benutzen. Mit langen dünnen Zweigen stochern Schimpansen in Ameisenhaufen, um anschließend die

kleinen Insekten mit einer Bewegung abzustreifen und zu fressen.

3. Bei den folgenden Wörtern kann man die Schreibweise des s-Lautes ableiten. Bilde andere Formen oder suche verwandte Wörter des Wortes. Schreibe die Wörter mit den Verlängerungen oder Verwandten in dein Heft (z. B. Prei*s* – Prei*s*e).

Haus • Gras • er döst • sie rast • er niest • er liest • Fels • Maus • Eis • es braust • Los • Glas • Gans • sie verreist

Hörst du einen langen oder kurzen Vokal? – Wörter mit ss und ß richtig schreiben

Das musst du wissen
- Der **stimmlose, gezischte s-Laut** wird nach einem **langen Vokal oder Doppellaut** (äu, eu, au, ei) meist mit **ß** geschrieben *(grüßen, Muße, Fleiß)*.
- Nach **kurzem Vokal** wird er in der Regel mit **ss** geschrieben *(Pass, küssen, fassen)*.
- Die **Länge eines Vokals** kann sich bei den verschiedenen Formen eines Wortes mit einem stimmlosen s-Laut **ändern.** Du schreibst auch hier den stimmlosen s-Laut nach einem kurzen Vokal mit **ss** und nach einem langen mit **ß** *(der Riss – reißen; genießen – der Genuss)*.

1. Bilde mit den folgenden Wortbausteinen möglichst viele Wörter, die mit **ß** geschrieben werden.

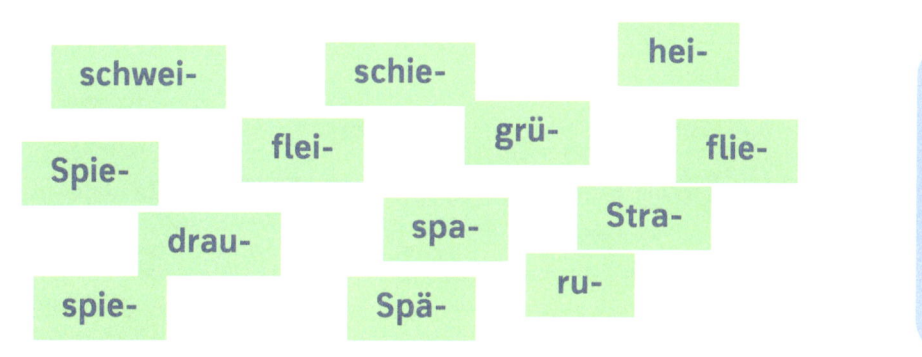

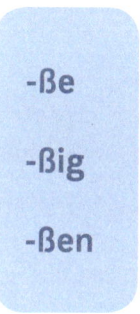

schwei-   schie-   hei-
  flei-   grü-   flie-
Spie-   Stra-   -ße
   drau-   spa-   -ßig
spie-   Spä-   ru-   -ßen

2. Übertrage die folgende Tabelle in dein Heft.
- Schreibe die Verbformen aus dem Wortspeicher in die passende Spalte.
- Ergänze anschließend die fehlenden Formen.

Infinitiv	3. Person Singular Präsens	3. Person Singular Präteritum
fressen	es frisst	es fraß
…	…	…

es frisst • sprießen • sie verließ • vergessen • es fließt • er schoss • sie hasste • er reißt • es passt

3. Setzt in die Lücken **ss** oder **ß** ein.

a) Wer sich auf andere verlä____t, der ist verla____en.

b) Das eine mu____ man tun, das andere nicht la____en.

c) Wie jemand i____t, so arbeitet er.

d) Es wei____ ein jeder am besten, wo ihn der Schuh drückt.

Schreibt man das Wort mit s, ss oder ß? – s-Laute

e) Wer barfu____ geht, dem kann man nichts in die Schuhe schieben.

f) Mü____iggang ist aller Laster Anfang.

g) „Über Geschmack lässt sich nicht streiten", sagte der Affe und bi____ in die Seife.

4. Hier kannst du üben: **s**, **ss** oder **ß**? Trage die fehlenden Buchstaben ein. Du kannst dir anschließend den Text mit einem Partner gegenseitig diktieren.

Dreijähriger auf Bus-Spritztour

Zwei Stunden lang hielt ein dreijähriger Ausrei____er gestern seine Eltern und die Polizei im Ungewi____en. Der kleine Lar____ war am Vormittag plötzlich verschwunden, seine Mutter fand schlie____lich an einer Stra____enecke nur noch das verla____ene Fahrrad. Wie sich später herausstellte, hatte der Junge kurzerhand den Entschlu____ gefa____t, ein bi____chen
5 mit einem gro____en Auto zu fahren.
Seine Rei____e ging bis zum zentralen Ortsbahnhof im Zentrum der Stadt. Dort wu____te Lar____ nicht weiter und ging in das Büro der Verkehrsbetriebe. Von dort aus rief ein Mitarbeiter sofort die Polizei an, die bereits von den be____orgten Eltern informiert worden war. Auf diese Wei____e kam der Junge am Schlu____ sogar noch in den Genu____ einer Fahrt in ei-
10 nem Polizeiwagen, bevor ihn seine Mutter wieder in die Arme schlo____.

5. Einen Großbuchstaben für **ß** gibt es nicht. In großgeschriebenen Wörtern (z. B. in der Werbung) wird daher oft **ss** für **ß** gebraucht. Unterstreiche in den folgenden Werbesprüchen alle Wörter mit **ss**, die eigentlich mit **ß** zu schreiben sind.

EIN GENUSS MIT SPASS

EINE GANZ BESONDERE KLASSE

DAS IST UNSER MASSSTAB

EIN GROSSER WAGEN FÜR WENIG GELD

KOMMEN SIE VOR TORESSCHLUSS

EIN AUTO MIT BISS

DAS MÜSSEN SIE WISSEN

IHRE FITNESS IST GEFRAGT

Schreibt man das Wort mit s, ss oder ß? – s-Laute   109

Teste dich selbst! – s-Laute

(zu erreichende Punkte / eigene Punkte)

1. Ergänze die folgenden Rechtschreibtipps.

- Einen gesummten, _____ s-Laut schreibt man immer mit _____.

- Nach einem _____ Vokal schreibt man einen stimmlosen, gezischten s-Laut in der Regel mit **ss**.

- Den stimmlosen, gezischten s-Laut muss man nach einem _____ Vokal oder _____ meistens mit _____ schreiben.

6 / ____

2. Ergänze bei den folgenden Wörtern die Buchstaben **ss** oder **ß**.

Blä____e   Ru____land   gie____en   Ga____e   Ta____e

Fü____e   kü____en   Stra____e   drau____en   Ki____en

10 / ____

3. Vervollständige die Wörter mit den Lücken. Du musst **s**, **ss** oder **ß** ergänzen.

Wasser

Wa____er ist eine Flü____igkeit, die sich in Ei____ und in Wa____erdampf verwandeln kann. Durch Zufuhr von Wärme wird Wa____er zu einem unsichtbaren Ga____, dem Wa____erdampf. Die Moleküle des Wa____ers
5 bekommen genug Energie, um als Ga____ zu entweichen. Man ____agt: Das Wa____er ist verdunstet oder verdampft. Wenn die Temperatur unter 0 °C fällt, wird Wa____er zu Ei____. Die Moleküle des Wa____ers verlang____amen durch die Kälte ihre Bewegung und rücken zu____ammen. Sind ____ie lang____am genug, erstarren sie zu einem festen Körper.
10 Wenn Wa____erdampf abkühlt, verflü____igt er sich (er konden____iert). Es bilden ____ich winzige Tröpfchen, die ____ich zu grö____eren Tropfen vereinen. Das Wa____er geht vom ga____förmigen in den flü____igen Zustand über.

27 / ____

mögliche Punkte: 43 / erreichte Punkte: ____

Spazieren gehen, stehen bleiben … – Verbindungen aus zwei Verben

Das musst du wissen

- Treffen zwei Verben aufeinander, schreibt man diesen Ausdruck in der Regel getrennt *(spazieren gehen, stehen geblieben, geschenkt bekommen, gefangen genommen)*.
- Die **Getrenntschreibung** bleibt auch erhalten, wenn zwischen die beiden Verben *zu* tritt *(Der Polizist hat vergeblich versucht, den Dieb **gefangen zu nehmen**)*.

1. Bilde aus den Verben in den drei Spalten möglichst viele Verbindungen aus zwei Verben und schreibe sie auf.

bestehen	lassen	geblieben
sitzen	bleiben	gefangen
spazieren	nehmen	getrennt
stehen	bekommen	gelassen
bleiben		geschenkt
kleben		
laufen		
hängen		
gehen		
fallen		

2. Bilde anschließend mit fünf dieser Verbindungen einen Satz. Beginne die Sätze mit:
Ich mag es, … / Ich freue mich darauf, … / Ich habe versucht …
Beispiel: Ich mag es, im Sommer spazieren zu gehen.

Zusammen oder getrennt? – Verbindungen mit Verben

3. Trage in die folgenden Sätze jeweils einen passenden Ausdruck mit zwei Verben ein.

a) Wir waren so begeistert von dem Theaterstück, dass wir noch 30 Minuten

_____ _____ sind und geklatscht haben.

b) Wegen einer Panne ist unser Auto am letzten Sonntag auf der Autobahn

_____ _____.

c) Zum Geburtstag habe ich einen Computer _____

_____.

d) Harzreste, die an der Kleidung _____

_____, lassen sich nur sehr schwer entfernen.

e) Wenn ihr noch länger hier _____ _____, gehe ich schon.

f) Vor den großen Ferien findet die Polizei immer wieder _____

_____ Tiere wie Hunde und Katzen, die ihren Besitzern offensichtlich

im Wege waren.

4. Wenn zwei Verben aufeinandertreffen, entsteht manchmal eine neue Bedeutung. Dann **kannst** du den Ausdruck auch zusammenschreiben. Erkläre stichwortartig die Bedeutung der folgenden Verbindungen:

a) die Arbeit liegen lassen/liegenlassen

_____

b) den Verbrecher laufen lassen/laufenlassen

_____

c) jemanden einfach stehen lassen/stehenlassen

_____

d) in der Entwicklung stehen bleiben/stehenbleiben

_____

e) jemanden hängen lassen/hängenlassen

_____

Rad fahren, Rasen mähen ... – Verbindungen aus Nomen/Substantiv und Verb

Das musst du wissen
- Verbindungen aus einem **Nomen/Substantiv** und einem **Verb** schreibt man in der Regel **getrennt** *(Auto fahren, Rat suchen, Schlange stehen)*.
- Werden Verbindungen aus einem Nomen/Substantiv und einem Verb zu einem Nomen/Substantiv, also **nominalisiert/substantiviert**, schreibt man sie **groß** und **zusammen** *(das Autofahren, das Ratsuchen, das Schlangestehen)*.

1. Verbinde jeweils ein Nomen/Substantiv aus dem linken Kasten mit einem passenden Verb aus dem rechten Kasten und schreibe die Ausdrücke in dein Heft.

Acht, Angst, Auto, Diät, Eis Fahrrad, Feuer, Halt, Maß, Probe Rat, Schuld, Ski, Tennis, Walzer Fußball, Not	tanzen, fahren, stehen, halten machen, gehen, tragen, leiden fassen, haben, geben, fangen nehmen, suchen, essen, laufen, spielen

2. Schreibe die folgenden Sätze in der richtigen Form auf. Achte darauf, ob es sich um eine nominalisierte Form handelt, die groß- und zusammengeschrieben wird, oder ob das Verb in seiner ursprünglichen Form erscheint.

a) Im kommenden Winter fahren wir zum SKILAUFEN in die Berge.

_____

b) Meine kleine Schwester möchte am liebsten den ganzen Tag SCHLITTENFAHREN.

_____

c) Wir müssen darauf ACHTGEBEN, dass wir uns nicht erkälten.

_____

d) Das SCHLANGESTEHEN morgens am Lift gefällt vielen überhaupt nicht.

_____

e) Im Sommer möchte ich am liebsten jeden Tag RADFAHREN.

_____

f) Zum FUSSBALLSPIELEN habe ich jedoch keine Lust.

_____

Auf die Bedeutung kommt es an! – Verbindungen aus Adjektiv und Verb

Das musst du wissen

Ob eine Verbindung aus einem Adjektiv und einem Verb getrennt geschrieben oder zusammengeschrieben wird, hängt von der **Bedeutung des Ausdrucks** ab:
- Wenn **beide Wörter** ihre **Bedeutung behalten,** wird der Ausdruck **getrennt** geschrieben. Beim Sprechen werden dann beide Wörter betont.
  Beispiel: *Beim Klettern ist er schwer gefallen.*
- Entsteht bei einer Verbindung von Adjektiv und Verb eine **neue Bedeutung,** wird der Ausdruck **zusammengeschrieben.** In diesem Fall liegt die Betonung fast immer auf dem ersten Wortbestandteil.
  Beispiel: *Die Klassenarbeit ist Marcel schwergefallen* (= hat ihm Probleme bereitet).

1. Schaut euch die Regeln in dem Kasten zuvor genau an und schreibt die Sätze in der richtigen Weise auf.

a) Das Essen ist mir GUTBEKOMMEN.

b) Wahrscheinlich wird das Gericht den Angeklagten FREISPRECHEN.

c) Der Schüler wurde für eine Woche vom Arzt KRANKGESCHRIEBEN.

d) Wenn du ein Referat hältst, solltest du FREISPRECHEN.

e) Dieses Missverständnis musst du unbedingt RICHTIGSTELLEN.

f) Paul kann in den neuen Schuhen nur SCHLECHTGEHEN.

g) Wenn es Anke weiterhin SCHLECHTGEHT, bleibt sie am Montag zu Hause.

Ankommen, zusammenschreiben, hinsehen ... – Zusammensetzungen mit Verben

Das musst du wissen

Wenn bei einer Verbindung mit **Verben und anderen Wortarten** eine **neue Gesamtbedeutung** entsteht, bilden sie ein **neues zusammengesetztes Wort**.

- Solche Zusammensetzungen werden **zusammengeschrieben**. Es gibt **circa 90 Wörter** (vor allem Präpositionen und Adverbien), die mit Verben Zusammensetzungen bilden können *(weggehen, zurückkehren, mitnehmen ...)*.
- Tritt die Partikel *zu* dazu, bleibt die **Zusammenschreibung** erhalten *(Er plante, etwas früher anzukommen)*.
- Bei Zusammensetzungen dieser Art liegt die Betonung immer auf einer Silbe des ersten Wortbestandteils (her**aus**kommen, über**ein**stimmen, **weg**gehen, zu**rück**kehren).

1. Die folgenden Wörter werden besonders häufig für Zusammensetzungen verwendet. Verbinde jedes Wort mit einem Verb und schreibe die Zusammensetzungen in dein Heft. Arbeite eventuell mit einem Wörterbuch.

ab-	abhanden-	an-	auf-	aus-
bei-	davon-	dazu-	dazwischen-	drauf-
drin-	durch-	ein-	empor-	entgegen-
entlang-	entzwei-	fort-	gegenüber-	her-
herab-	heran-	herauf-	heraus-	herein-
herüber-	herum-	herunter-	hervor-	hin-
hinab-	hinauf-	hinaus-	hindurch-	hinein-
hinterher-	hinzu-	inne-	los-	mit-
nach-	nieder-	über-	überein-	um-
umher-	unter-	vor-	voran-	voraus-
vorbei-	vorher-	vorüber-	weg-	weiter-
wider-	wieder-	zu-	zurecht-	zurück-
zusammen-	zuvor-	zuwider-		

Zusammen oder getrennt? – Verbindungen mit Verben

2. In dem folgenden Buchstabenquadrat sind insgesamt 18 Zusammensetzungen aus einem Verb im Infinitiv und einem Wort aus der Liste oben enthalten. Schreibe sie heraus.

Z	V	U	H	A	U	F	M	A	C	H	E	N	D	H
X	W	H	I	T	H	R	Q	A	B	Z	V	Y	R	E
Y	E	I	N	A	E	S	P	U	C	A	O	X	I	R
H	I	N	D	U	R	C	H	F	A	H	R	E	N	A
E	N	A	U	S	U	Ü	O	P	D	I	A	W	B	U
R	P	U	R	G	M	B	N	A	E	N	N	V	L	S
A	A	S	C	E	S	E	M	S	F	G	G	U	E	G
B	C	G	H	H	T	R	L	S	G	E	E	T	I	E
S	K	U	R	E	E	R	K	E	H	H	H	S	B	H
T	E	C	E	N	H	E	J	N	I	E	E	R	E	E
E	N	K	N	H	E	D	K	L	M	N	N	O	N	N
I	F	E	N	G	N	E	A	N	R	U	F	E	N	P
G	E	N	E	D	I	N	N	E	H	A	L	T	E	N
E	H	I	N	T	E	R	H	E	R	R	U	F	E	N
N	A	B	C	D	A	V	O	N	L	A	U	F	E	N

3. Verbindungen mit dem **Hilfsverb** *sein* werden immer **getrennt** geschrieben. Schreibe die folgenden Sätze in der richtigen Form auf.
Beispiel: Ich werde immer für dich da sein.

a) Das ist ja noch nie DAGEWESEN!

_____

b) Möchtest du auch DABEISEIN?

_____

c) Gegen 16.00 Uhr werde ich ZURÜCKSEIN.

_____

d) Es ist, als wäre sie nie WEGGEWESEN.

_____

e) Der CD-Player dürfte HINÜBERSEIN.

_____

Teste dich selbst! – Verbindungen mit Verben

(zu erreichende Punkte / eigene Punkte)

1. Schreibe die folgenden Satzpaare in der richtigen Form auf. Überlege genau, bei welchem Ausdruck es sich um eine Wortgruppe handelt, die getrennt geschrieben wird, und bei welchem Ausdruck eine Zusammensetzung vorliegt.

- Wenn ich dich nicht WIEDERSEHEN kann, verzweifle ich.
  Nach der Operation konnte sie WIEDERSEHEN.

  _____

  _____

  _____

  _____

- Maja ist es SCHWERGEFALLEN, sich bei Paul zu entschuldigen.
  Beim Sportfest ist Murat SCHWERGEFALLEN.

  _____

  _____

  _____

  _____

4 / ____

2. Trage in den folgenden Text die richtige Schreibweise der Ausdrücke in den Klammern ein.

Verstehen Papageien, was sie sagen?

Graupapageien sind die sprachbegabtesten Tiere überhaupt.

Jedoch ist man der Meinung, dass sie nur einfach so

_____ (DAHERPLAPPERN) oder

Kommandos _____

₅ (BLINDAUSFÜHREN). Neue Forschungen zeigen aber, dass

man Papageien auch dazu _____

_____ (BRINGENKANN), Gegenstände

Zusammen oder getrennt? – Verbindungen mit Verben

117

_____ (RICHTIGZUBENENNEN). Wenn das so stimmt,

dann kann ein Papagei also doch eine Verbindung zwischen einem Ding und einem Wort

10 _____ (HERSTELLEN); er „weiß", was er sagt. Auf jeden Fall ist das

Sprachgedächtnis von Papageien verblüffend genug. Sie können bis zu 300 Wörter in ihren

Sprachschatz _____ (AUFNEHMEN) und auf Befehl

_____ (WIEDERGEBEN).   14 / ____

3. Trage auch in dem folgenden Text die richtige Schreibweise der Ausdrücke in den Klammern ein.

Gibt es eine Sprache, die Menschen und Tiere verstehen?

Die enge Verwandtschaft zwischen Menschen und Menschenaffen hat viele Forscher gereizt,

_____ (HERAUSZUBEKOMMEN), ob Schimpansen, Gorillas und

Orang-Utans menschliche Sprachen _____ (ERLERNENKÖNNEN).

Dazu hat man Babyschimpansen wie Menschenbabys in ausschließlich menschlicher Umgebung

5 und ohne Kontakt mit Artgenossen aufgezogen. Allerdings stellte sich bald heraus, dass der

Kehlkopf von Schimpansen einfach keine Wörter _____

(BILDENKANN). Viel erfolgreicher waren dann Versuche, Menschenaffen die Taubstummen-

sprache _____ (BEIZUBRINGEN). Dabei werden Wörter mit Hand-

bewegungen (und mit Lauten) _____ (AUSGEDRÜCKT). Die

10 berühmte Schimpansin Washoe brachte es nach fünf Jahren Unterricht auf 130 Wörter, die sie

zu ganzen Sätzen _____ (KOMBINIERENKONNTE).

Washoe war in der Lage, bestimmte Wünsche zu äußern, _____

(MITZUTEILEN), ob sie traurig war oder froh, und sie konnte sogar Besucher

_____ (AUSDRUCKSSTARKBESCHIMPFEN).   16 / ____

mögliche Punkte: 34 / erreichte Punkte: ____

Punkt, Komma, Fragezeichen – die Zeichensetzung beherrschen

„Hallo!"/"Hello!"/«Salut!»/„Moien" – Zeichensetzung bei der wörtlichen Rede

Das musst du wissen

- Die wörtliche Rede wird durch **Anführungszeichen** deutlich gemacht. Im **Deutschen** setzt man sie am Anfang der wörtlichen Rede unten, am Ende oben.
- Steht ein Redebegleitsatz **vor der wörtlichen Rede**, steht ein **Doppelpunkt** hinter dem Redebegleitsatz.
  Beispiel: *Niklas schlägt vor: „Tupfe vorsichtig etwas Milch auf den Fleck."*
- Steht ein Redebegleitsatz **hinter** der wörtlichen Rede, wird er durch ein **Komma** von der wörtlichen Rede abgetrennt. Der **Punkt des Aussagesatzes entfällt** dann.
  Beispiel: *„Ich hätte gerne einen Rat", bittet Luca.*
  Frage- oder Ausrufezeichen gehören aber mit zur wörtlichen Rede. Erst danach folgen die Anführungszeichen.
  Beispiel: *„Kannst du mir helfen?", fragt Darija.*
- Die wörtliche Rede kann auch durch den Redebegleitsatz **unterbrochen** werden. In diesem Fall wird **vor** und **nach** dem Redebegleitsatz ein **Komma** gesetzt.
  Beispiel: *„Der Fleck auf dem Shirt", klagt Luca, „geht nicht raus."*

Achtung! Fehlerquellen Deutsch – Englisch/Französisch

- Im **Englischen** werden die Anführungszeichen **nur oben** gesetzt.
  Beispiel: *"I have a question. Could you help me?"*
- Im **Französischen** sehen die Anführungszeichen ganz anders aus (wie Pfeile).
  Beispiel: *«J'habite au Luxembourg.»*
- Im **Luxemburgischen** ist es wie im Deutschen, dort stehen die Anführungszeichen am Satzanfang unten und am Ende oben.
  Beispiel: *„Ech wunnen um Lampertsbierg a schaffen um Kirchbierg."*

1. Schreibe die passenden Redebegleitsätze aus dem grünen Kasten in die Lücken und setze die Zeichen bei der wörtlichen Rede. Einige Redebegleitsätze kannst du mehrfach benutzen.

Anne fragt Yannik • rät Yannik • bittet Luca • klagt Darija • erklärt Laurenz • Niklas antwortet

_____ Ich bin gleich eingeladen und habe vergessen, Geschenkpapier zu besorgen. Was kann ich da tun?___

___ Pack dein Geschenk doch einfach mal in Zeitungspapier und Klarsichtfolie ein, dazwischen ein paar Blumen. Das sieht gut aus und kostet nicht viel _____

___Bei mir bildet sich schon wieder so ein grässlicher Pickel mitten auf der Stirn! _____ Gibt es ein schnelles Mittel dagegen?___

___Teebaumöl hat mir gut geholfen. Der Pickel verschwindet dann in zwei bis drei Tagen _____ _____

Punkt, Komma, Fragezeichen – die Zeichensetzung beherrschen 119

„Ich habe heute Filzstift auf mein neues T-Shirt geschmiert und hätte gerne einen Rat."

„Am besten legst du die Stelle in Milch ein und tupfst auf den Fleck."

2. Schreibe die folgenden Dialoge in der richtigen Reihenfolge mit den entsprechenden Satzzeichen und Anführungszeichen der jeweiligen Sprache auf die Schreiblinien.

Danke/Der Lehrer fragt Tim/Ja, ich habe diese Woche sowieso Tafeldienst/Wer von euch möchte als Erster die Inhaltsangabe vorlesen?/Dieser antwortet/Ich würde gerne anfangen/Tim, kannst du bitte die Tafel wischen?/Dann wendet sich der Lehrer an die Klasse und fragt/meldet sich Katrin

_____

_____

_____

What exactly?/Hi Thomas, can you help me with the homework, please?/Thomas asks/Tim asks his friend/Yes. What is your problem?/Tim explains/I don't understand the exercises in maths

_____

_____

Nach net/Gudden Moien, Här, wat däerf ech Iech ze drénken bréngen?/Dann froen ech nach eng Kéier, wann ech Är Cola bréngen/Den Garçon freet/Gudde Moien, eng Cola w.e.g./äntwert den Gaascht/äntwert den Gaascht/freet den Garçon/Hutt Dir och schon eppes ze iessen gewielt?

_____

_____

_____

Qu'est-ce que tu as fait l'année dernière?/Son ami Laurent répond/Laurent explique/Je vais, comme tous les ans, faire du camping avec Silvie./L'année dernière, j'ai fait la même chose que chaque année. J'ai rendu visite à mes grands-parents avec ma famille. Et toi?/Je ne sais pas!/Moi aussi, mais bientôt on est en vacances! Qu'est-ce que tu vas faire?/Louis dit à son ami/Je déteste les interrogations!/ Répond Laurent et demande

_____

_____

_____

_____

Bennet, Anna, Sophie ... – das Komma bei Aufzählungen

> **Das musst du wissen**
> - Aufzählungen von Wörtern oder Wortgruppen werden durch ein Komma voneinander getrennt.
>   **Beispiel:** *Bennet, Anna, Michelle, Sophie, Ute und Sandra lesen Artikel über die Sehenswürdigkeiten, schreiben selbst Texte und zeichnen Illustrationen für den Reiseführer.*
> - Vor den Wörtern *und, oder* und *sowie* steht in Aufzählungen kein Komma.
>   **Beispiel:** *Viele Schülerinnen und Schüler möchten einmal selbst den „Tower of London" und den „London Dungeon" sowie das „London Eye" besuchen.*

Im Rahmen einer Projektwoche zum Thema „Alles über Großbritannien" hat sich eine Gruppe vorgenommen, einen London-Reiseführer für Jugendliche zu schreiben.

1. Füge die fehlenden Kommas in die Texte ein.

- Bennet befasst sich mit dem „London Eye":

  Dieses Riesenrad ist 135 Meter hoch hat 32 Glasgondeln für je 25 Personen benötigt 30 bis 40 Minuten für eine Umdrehung und ermöglicht bei klarem Wetter einen bis zu 40 Kilometer weiten Fernblick.

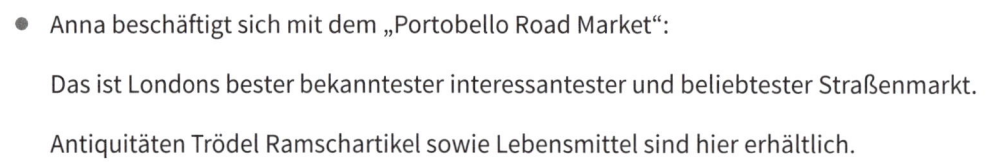

- Anna beschäftigt sich mit dem „Portobello Road Market":

  Das ist Londons bester bekanntester interessantester und beliebtester Straßenmarkt. Antiquitäten Trödel Ramschartikel sowie Lebensmittel sind hier erhältlich.

- Michelle hat den „London Dungeon" für sich entdeckt:

  Das ist ein Gruselkabinett in London. Gespenster Vampire Monster und blutrünstige historische Figuren jagen den Besuchern hier Schauer über den Rücken.

2. Verfasse mithilfe der Angaben aus den Wortspeichern selbst kurze Texte mit Aufzählungen zu Londoner Sehenswürdigkeiten. Denke dabei an die richtige Zeichensetzung.

Wachsfigurenkabinett Madame Tussauds:
historische Figuren – Personen der Zeitgeschichte – Sportler – Musiker – Prominente – Schauspieler

Buckingham Palace:
Residenz britischer Monarchen – Austragungsort offizieller Staatsanlässe – Anziehungspunkt für Touristen

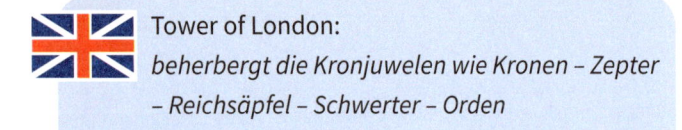

Tower of London:
beherbergt die Kronjuwelen wie Kronen – Zepter – Reichsäpfel – Schwerter – Orden

Schild „Platform 9 ¾" im Bahnhof King's Cross und halb in die Wand gefahrener Gepäckwagen:
interessant für Reisende – Touristen – Harry Potter-Fans

Er ruft, sie antwortet – das Komma in Satzreihen

Das musst du wissen

- Unter einer **Satzreihe** verstehen wir eine Aufzählung (Aneinanderreihung) von Hauptsätzen. Die Hauptsätze werden entweder durch einen **Punkt oder ein Komma** voneinander getrennt.
  Beispiel: *Lea hilft ihrer Freundin. Sie erklärt ihr die Aufgaben. Sie überprüft die Lösungen.*
  Lea hilft ihrer Freundin, sie erklärt ihr die Aufgaben und sie überprüft die Lösungen.
- Diese Regel gilt auch, wenn die Hauptsätze mit den Konjunktionen **aber, denn** und **sondern** eingeleitet werden.
  Beispiel: *Lea hilft ihrer Freundin, aber sie sagt ihr nichts vor.*
  Lea hilft ihrer Freundin, denn diese fehlte eine Woche in der Schule.
  Lea geht nicht zum Sport, sondern sie hilft ihrer Freundin.
- Werden die Hauptsätze aber mit den Konjunktionen **und** bzw. **oder** verbunden, entfällt das Komma in den meisten Fällen.
  Beispiel: *Lea hilft ihrer Freundin in Mathe und diese revanchiert sich mit Französisch.*
  Lea besucht die Freundin oder sie chattet mit ihr.

---

1. Bilde Satzreihen, indem du jeweils einen Satz aus der linken Spalte mit einem Satz aus der rechten kombinierst. Füge eine passende Konjunktion aus dem Wortspeicher ein und setze das Komma an die richtige Stelle. Schreibe die Satzreihen in dein Heft.

Gute Freunde und beste Freundinnen

Lukas tröstet seinen Freund Daniel.	Sie fragt auch Eylin, ob sie mitkommen will.
Pia hat ihre Brote vergessen.	Sven wartet zehn Minuten auf ihn.
Caro verabredet sich mit Leonie.	Sie hält zu ihrer Freundin Greta.
Entweder ruft Tom seinen Freund an.	Mia schenkt ihr ihren Apfel.
Sanna glaubt dem Gerücht nicht.	Sie hat die Aufgabe nicht verstanden.
Emil kommt wieder zu spät.	Sie besuchen das Hallenbad.
Angelika hilft ihrer Freundin Bianca.	Dieser hat eine schlechte Arbeit geschrieben.
Bennet und Sören gehen ins Kino.	Er besucht ihn am Nachmittag.

oder (2x) • und • aber (2x) • sondern • denn (2x)

Zwischen Hauptsatz und Nebensatz – das Komma in Satzgefügen

Das musst du wissen

- Unter einem **Satzgefüge** versteht man Sätze, die aus einem Haupt- und einem Nebensatz bestehen. Zwischen **Haupt-** und **Gliedsatz/Nebensatz** steht ein **Komma**.
  Beispiel: *Es wird ganz still im Raum, als die Vorstellung beginnt.*
  Als die Vorstellung beginnt, wird es ganz still im Raum.
- Manchmal wird ein Gliedsatz/Nebensatz von dem Hauptsatz umrahmt, dann werden vor und nach dem Gliedsatz/Nebensatz Kommas gesetzt.
  Beispiel: *Alle Schauspieler kommen, als das Spiel vorbei ist, auf die Bühne.*

1. Unterstreiche die Hauptsätze, unterschlängele die Nebensätze und kreise die Konjunktionen ein.

Glitzersterne am Himmel

a) Oft bildet ein Feuerwerk den krönenden Abschluss eines Festes, weil es etwas ganz besonders Schönes und Feierliches ist.

b) Die Raketenherstellung ist allerdings nicht einfach, weil Raketenbauer in Deutschland strenge Sicherheitsvorschriften erfüllen müssen.

c) Damit die Feuerwerkskörper in unterschiedlichen Farben am Himmel leuchten können, stellen die Pyrotechniker verschiedene Chemikalienmischungen her.

d) Mit diesen Mischungen und Schwarzpulver werden mit Alkohol besprühte Rapskörner bestäubt, sodass kleine dunkle Kugeln entstehen.

e) Die kommen, nachdem eine bunt bedruckte Papphröhre mit einer Füllmasse und Schwarzpulver gestopft wurde, ebenfalls in diese Hülle.

f) Nach dem Befüllen erhält die Röhre noch eine Plastikspitze, damit sie wie eine Rakete aussieht.

g) Da das Abfeuern eines solchen Feuerwerkskörpers nicht ungefährlich ist, dürfen Kinder sie weder kaufen noch abschießen.

Punkt, Komma, Fragezeichen – die Zeichensetzung beherrschen

2. Bilde aus den Sätzen in den Kästen Satzgefüge, indem du sie mit der passenden Konjunktion verbindest. In einem Fall muss der Nebensatz am Anfang stehen.

a)	Die Menschen machten früher in der Silvesternacht Lärm.	Böse Geister verschwanden.	damit
b)	Die Menschen fanden Gefallen daran.	Der Brauch hat sich bis heute gehalten.	weil
c)	Einige wollen auch in ihre Zukunft sehen.	Sie stoßen um Mitternacht an.	bevor
d)	Sie glauben daran.	Sie können beim Bleigießen etwas über ihre Zukunft erfahren.	dass

3. Füge die passenden Konjunktionen aus dem Wortspeicher in die Textlücken ein. Setze auch die fehlenden Kommas. Denke am Satzanfang an die Großschreibung.

Pyronale in Berlin – Weltmeisterschaft der Feuertechniker

Einmal im Jahr erleuchten die besten Feuertechniker der Welt den Berliner Nachthimmel _____ sie glitzernde Sternblumen, funkelnde Kreisel und schillernde Fontänen erzeugen. _____ sie in einem Wettkampf gegeneinander antreten gibt es sogar eine Jury. Fachleute und Prominente aus dem öffentlichen Leben entscheiden _____ das Zusammenspiel von Musik und Feuerwerk geklappt hat. _____ Fantasie, Kreativität und Originalität ebenfalls eine große Rolle bei der Beurteilung spielen liegt auf der Hand. Die Zuschauer können _____ sie dem Spektakel zusehen mit dem Telefon ebenfalls ihre Stimme abgeben. Die Teams stammen aus zahlreichen Ländern und mussten hart trainieren _____ sie ihre Pflicht und Kür sicher beherrschten. _____ die Jury ihre Entscheidung gefällt hat erhalten die Sieger Pokale in Gold, Silber und Bronze.

> dass • nachdem • weil • während • indem • bis • ob

Punkt, Komma, Fragezeichen – die Zeichensetzung beherrschen

Teste dich selbst! – Die Zeichensetzung beherrschen

(zu erreichende Punkte / eigene Punkte)

1. Setzt bei dem folgenden Witz die fehlenden Zeichen bei der wörtlichen Rede ein.

Eure Namen sind aber lang   sagt die Lehrerin zu ihren neuen Schülern   ich werde sie etwas verkürzen. Maximilian nenne ich nun Max, Katharina heißt jetzt Kati und so weiter.   Da rennt ein Mädchen weinend aus der Klasse.   Was ist denn los   fragt die Lehrerin.   Ich weiß auch nicht, was Klothilde hat   antwortet ihre Banknachbarin.

13 / ____

2. Kreuze an, ob in den Sätzen Aufzählungen gleichartiger Wörter oder Wortgruppen vorkommen, ob es sich um Satzreihen handelt oder ob Satzgefüge vorliegen.

	Aufzählungen gleichartiger Wörter oder Wortgruppen	Satzreihe	Satzgefüge
1. Nachdem Annika ihre Zähne geputzt hat, geht sie schlafen.	☐	☐	☐
2. Sie will nur noch eine halbe Stunde in ihrem neuen Buch lesen, aber es ist einfach zu spannend.	☐	☐	☐
3. Plötzlich geht die Tür auf und Mutter und Vater gucken Annika fassungslos an.	☐	☐	☐
4. Annika schrickt hoch, schaut auf den Wecker und blickt dann die Eltern schuldbewusst an.	☐	☐	☐
5. Es ist schon halb zwei, in nur fünf Stunden muss sie wieder aufstehen, eine Englischarbeit steht in der dritten Stunde an und sie wollte vor dem Frühstück noch einmal die wichtigsten Vokabeln anschauen.	☐	☐	☐
6. Annika meint, dass sie vor lauter Aufregung nun nicht schnell einschlafen kann.	☐	☐	☐
7. Sobald die Eltern das Licht gelöscht haben, fällt sie aber sofort in tiefen Schlaf.	☐	☐	☐

7 / ____

3. Notiere die Kennzeichen von Satzreihe und Satzgefüge.

- Eine Satzreihe besteht aus _____
- Ein Satzgefüge besteht aus _____

4 / ____

mögliche Punkte: 24 / erreichte Punkte: ____

Extratraining Grammatik – der Imperativ und die Höflichkeitsform 125

In der Küche – den Imperativ üben

Das musst du wissen

Der **Imperativ (= Befehlsform)** ist ein **Modus (= Aussageart)** des Deutschen. Man verwendet den Imperativ, wenn man einen **Befehl**, eine **Aufforderung**, eine **Anweisung**, eine **Bitte** oder einen **Wunsch** äußern möchte.

Die Formen des Imperativs gibt es **nur** in der **2. Person Singular** und **Plural**.

- Der **Imperativ der 2. Person Singular** wird regelmäßig wie die **2. Person Singular Präsens** gebildet. Statt der Endung *-st* wird der Imperativ aber mit der **Endung -e** gebildet.
  Beispiele: ***Geh-e!*** *= du **geh**-st;* ***Spring-e!*** *= du **spring**-st*
  - **Oft**, vor allem im mündlichen Sprachgebrauch, **kann die Endung -e entfallen** (*Geh! Spring!*).
  - Ein ***e/i*-Wechsel im Präsens bleibt** auch im Imperativ Singular (z. B.: ***Gib!*** *= du **gib**-st;* ***Lies!*** *= du **lie**-st;* ***Nimm!*** *= du **nimm**-st)* erhalten. In diesem Fall wird der Imperativ Singular immer ohne die Endung *-e* gebildet.
- Der **Imperativ der 2. Person Plural** wird wie die **2. Person Plural des Indikativ Präsens** gebildet (*Schreibt! = ihr schreibt; Sucht! = ihr sucht*).
- Die Formen des Imperativs der **folgenden Verben** musst du dir besonders merken. Diese Verben bilden den **Imperativ unregelmäßig**.

Imperativ	sein	haben	werden
Singular	Sei!	Hab!	Werde!
Plural	Seid!	Habt!	Werdet!

1. Fülle den Lückentext aus, indem du die Verben aus den Klammern in den Imperativ Singular setzt.

Pfannkuchen

(Nehmen) _____ 400 g Mehl.

(Hinzufügen) _____ vier Eier, 750 ml Milch und etwas Salz _____.

(Verrühren) _____ den Teig gut.

(Erhitzen) _____ etwas Butter in einer Pfanne und (backen) _____ die Pfannkuchen darin.

(Schneiden) _____ noch einen Apfel und (geben) _____ diesen zum Teig in die Pfanne. (Wenden) _____ den Pfannkuchen und (nehmen) _____ ihn aus der Pfanne, wenn er auf beiden Seiten goldbraun ist.

Guten Appetit!

Extratraining Grammatik – der Imperativ und die Höflichkeitsform

2. Wandle die folgenden Sätze in den Imperativ um!

Beispiel: *Du reichst mir das Salz.* → *Reich/e mir bitte das Salz!*
         Modus: Indikativ   **Modus: Imperativ**

Du wäschst den Salat.

_____

Du schneidest die Zwiebeln.

_____

Ihr wascht das Gemüse.

_____

Ihr kocht die Nudeln.

_____

Ihr bratet das Fleisch.

_____

Du würzt das Essen.

_____

3. Formuliere den Abschnitt „Zubereitung" des Rezeptes für Muffins um. Setze die einzelnen Anweisungen in den Imperativ. Verwende dazu die Formen des Imperativ Plural.

Wie wäre es mit Muffins?

Zutaten:
125 g Butter (weich), 125 g Zucker, 1 Päckchen Vanillezucker, 2 Eier, 200 g Mehl, ½ Päckchen Backpulver, 1 kleine Tasse Milch

Zubereitung:

5 Die Butter mit dem Zucker cremig rühren. Als Nächstes den Vanillezucker dazugeben und verrühren. Danach die Eier aufschlagen und dazugeben. Die Eier dann mit der Butter-Zucker-Mischung verrühren. Das Mehl in einem Extra-Gefäß mit dem Backpulver mischen. Einen kleinen Teil davon in die Butter-Zucker-Mischung geben. Anschließend ein Drittel der Milch dazugeben und alles gut ver-
10 rühren. Zuletzt den Rest der Milch und des Mehls im Wechsel in die Mischung geben und unterrühren. Den Teig nun in die Muffin-Formen füllen. Dann die Muffins bei 180°C im Backofen zehn bis zwölf Minuten lang backen. Nach dem Backen die Muffins auskühlen lassen.

Extratraining Grammatik – der Imperativ und die Höflichkeitsform

4. Die Mutter spricht zu ihren Kindern. Bilde mögliche Sätze der Mutter im Imperativ.

Beispiel: *Die Kinder essen nur Süßigkeiten.* → *Esst nicht nur Süßigkeiten!*
Modus: Indikativ **Modus: Imperativ**

a) Das Baby isst seine Suppe nicht. _____

b) Tania und Leon passen nicht auf _____

mit dem Küchenmesser. _____

c) Die Kinder waschen sich nicht die Hände. _____

d) Sarah räumt die Küche nicht auf. _____

e) Die Tochter setzt sich nicht an den Tisch. _____

f) Die Kinder sprechen mit vollem Mund. _____

g) Tom schläft am Tisch. _____

h) Sarah schaltet den Fernseher ein. _____

5. Bilde Imperativsätze, um einer erwachsenen Person Ratschläge zu geben oder sie um etwas zu bitten.
Beispiele:
Frau Meyer sagt: Ich bin hungrig! (etwas essen) → *Dann essen Sie doch etwas!*
Kann ich einem von euch helfen? → *Ja, bitte helfen Sie mir!*

a) Möchte jemand den Pfeffer haben? (Pfeffer reichen)

_____

b) Muss der Backofen nicht eingestellt werden? (vorheizen auf 200 Grad)

_____

c) Was meint ihr, muss ich mir die Hände waschen? (sich die Hände waschen)

_____

d) Ich weiß nicht, was ich jetzt noch tun kann. (Gemüse kleinschneiden)

_____

e) Das schaffe ich nicht allein. (Tür aufhalten)

_____

Mein Traumberuf – Modalverben erkennen und verwenden

> **Das musst du wissen**
>
> Modalverben drücken aus, wie man zu einer Sache steht. Wir **können, mögen, dürfen, müssen, sollen** oder **wollen** etwas. Mit solchen Modalverben bewerten wir also eine Aussage z. B. als eine **Erlaubnis**, einen **Befehl**, eine **Absicht**, einen **Wunsch**, eine **Pflicht**, eine **Fähigkeit** oder einen **Ratschlag**.
>
> - Modalverben können als **Vollverben** benutzt werden. Das **Partizip Perfekt** bilden sie dann regelmäßig mit **ge-**.
>   **Beispiele:**   Ich _kann_ es.   Wir _dürfen_ das.
>   Er hat es _gewollt_.   Sie hat die Übung gut _gekonnt_.
>
> - Oft stehen Modalverben aber als **Hilfsverb bei einem anderen Verb**, um z. B. eine Notwendigkeit, einen Wunsch, eine Erlaubnis oder eine Möglichkeit auszudrücken.
>   Das **Partizip Perfekt** wird dann durch den **Infinitiv** ersetzt (= **Ersatzinfinitiv**):
>   **Beispiele:**   Ich _muss/soll_ noch arbeiten. → Ich habe noch arbeiten _sollen_.
>   Ich _will_ noch arbeiten. → Ich habe noch arbeiten _wollen_.
>   Ich _darf_ noch arbeiten. → Ich habe noch arbeiten _dürfen_.

> **Achtung! Fehlerquelle Französisch – Deutsch**
> Eine häufige Fehlerquelle ist der unterschiedliche **Satzbau**: Im Französischen steht das Vollverb direkt hinter dem Modalverb, im Deutschen hingegen steht es ganz hinten im Satz.
> **Beispiel:** Je _veux travailler_ comme dentiste.   Ich _möchte_ als Zahnarzt _arbeiten_.

1. Kreise die Modalverben in dem folgenden Text ein oder unterstreiche sie.

Bäcker

Wer Bäcker werden möchte, muss sich bewusst sein, dass er dann täglich früh aufstehen muss.

Den ganzen Morgen lang schiebt ein Bäcker Brötchen in den Ofen. Sind diese fertig gebacken,

muss er das lecker riechende Gebäck prüfen. Die Brötchen sollen gut durchbacken und außen

schön kross sein.

Wer möchte, kann den Beruf des Bäckers mit dem des Konditors verbinden. Ein Konditor kann

sehr kreativ sein. Er darf Torten verzieren und mit Aromen, Zusätzen und Früchten arbeiten.

2. Trage ein, welchen Sachverhalt die Modalverben ausdrücken. Wähle dazu jeweils die passende Bezeichnung aus dem Wortspeicher aus. Manchmal gibt es mehrere Möglichkeiten.

> Pflicht • Wille • Wunsch • Erlaubnis • Zwang • Möglichkeit • Aufforderung • Absicht • Vorschrift

Extratraining Grammatik – Modalverben

1. Viele Mädchen möchten später einmal Ballerina werden. _____
2. Ein Feuerwehrmann soll stets einen Helm tragen. _____
3. Journalisten wollen die Wahrheit ans Licht bringen. _____
4. Ein Archäologe kann herausfinden, wie man früher lebte. _____

3. Schreibe fünf Sätze in dein Heft, in denen du von deinem Traumberuf erzählst. Verwende in jedem Satz ein anderes Modalverb.
Beginne so: *Ich möchte später einmal … Dann könnte …*

4. Konjugiere die folgenden Modalverben im Präsens.

	müssen	wollen	dürfen	können
ich				
du				
er, sie, es				
wir				
ihr				
sie				

5. Entscheide, ob du in die Lücken eine Form von „können" oder „dürfen" eintragen musst.

- Eine Ärztin _____ nicht mit Bekannten über einen Patienten sprechen und dabei dessen Namen nennen.

- Eine Sekretärin _____ gut formulierte Briefe schreiben, das hat sie schließlich gelernt.

- _____ du mir bitte den Hammer reichen?

- Nur der Fensterputzer _____ die Scheiben wirklich streifenfrei reinigen.

- Wenn du deine Fluglizenz hast, wirst du dann auch die Erlaubnis haben, richtig große Flugzeuge fliegen zu _____?

- Wenn man einen Kuchen backen _____, ist man noch lange kein richtiger Konditor.

Extratraining Grammatik – Modalverben

6. Übersetze die folgenden Sätze jeweils ins Deutsche beziehungsweise ins Französische.

Französisch	Deutsch
	Ich muss noch arbeiten.
Je veux devenir artiste.	
	Willst du wirklich Deutsch studieren?
Le pâtissier peut faire des gâteaux délicieux.	
	Nur ein Polizist darf jemanden verhaften.

7. Führt ein Ratespiel zu den Modalverben durch. Geht dabei so vor:
- Jeder von euch wählt einen der Orte oder Berufe im Wortspeicher.
- Schreibt fünf Sätze auf, in denen ihr mithilfe von Modalverben beschreibt, was man dort tun kann/darf/soll/muss beziehungsweise nicht kann oder darf. Achtung, ihr dürft den Ort oder Beruf dabei nicht nennen!
- Tauscht anschließend eure Hefte und versucht herauszufinden, welcher Ort oder Beruf gemeint ist.

> Bahnhof • Arzt • Krankenhaus • Spielplatz • Rathaus • Schule • Garten • Schlafzimmer • Militär • Museum • Tankstelle • Bäckerin • Gemüseladen • Straße • Park • Bibliothek

8. Wähle einen der folgenden Berufe aus und beschreibe die jeweilige Tätigkeit. Verwende in jedem Satz mindestens ein Modalverb.

der Elektriker  • die Gärtnerin  • der Automechaniker  • die Busfahrerin  • der Friseur  • der Straßenarbeiter

der Bäcker  • die Maurerin  • der Landwirt/Bauer  • die Fotografin  • der Maler  • der Architekt

der Lehrer  • die Köchin  • der Müllwerker  • der Metzger  • der Kellner  • die Zahnärztin

Textquellenverzeichnis

(Die Ziffern in Klammern verweisen auf die Seiten der Lösungsbeilage.)

S. 6: Ina Rometsch: Sonnenanbeter. Aus: GEOlino extra, Energie, Heft Nr. 21/2009, S. 36 ff., leicht gekürzt; **S. 10:** Erich Übelacker: Sonnenkollektoren. Aus: Was ist Was? Energie, Band 3, Tessloff Verlag, Nürnberg 2008, S. 29 f., leicht gekürzt und bearbeitet; **S. 13 (2):** Christina Dodwell: Im Land der Paradiesvögel. Mit Pferd und Einbaum durch Papua-Neuguinea. Aus dem Englischen von Angela Djuren, Frederking & Thaler, München 1983, S. 30 f.; **S. 18 (4):** Die Zwergfledermaus. Nach: schleswig-holstein.nabu.de/naturvorort/fledermaeuse/fledermausarteninschleswigholstein/03069.html; **S. 20 (4):** Fledermäuse ... Nach: www.nabu.de/tiereundpflanzen/saeugetiere/fledermaeuse/wissen [15.07.14]; **S. 25:** Guy Helminger: Die Bahnfahrt. Aus: Guy Helminger: Rost, Capybarabooks, Luxemburg 2016; **S. 29:** Manfred Mai: Der erste Schritt. Aus: Ders.: Es hüpft in meinem Kopf herum – Gedichte für Kinder, Deutscher Taschenbuch Verlag, München 2007; **S. 31:** Theodor Fontane: John Maynard. Aus: Otfried Preußler/Heinrich Pleticha: Das große Balladenbuch, Thienemann Verlag, Stuttgart/Wien 2000, S. 225; **S. 35 (9):** wort.lu: Urlaub zuhause: Abenteuer-Tourismus in Luxemburg (4. September 2013). Quelle: http://www.wort.lu/de/lokales/urlaub-zuhause-abenteuer-tourismus-in-luxemburg-5226c2d3e4b0bdf86fb3496b; **S. 60 (18):** Wie lässt man einen gekauften Kürbis weiterwachsen? Aus: Nikolaus Lenz: Das Buch der 1000 Kinderfragen, Loewe Verlag, Bindlach 1995, S. 110; **S. 62:** Tiere am Polarkreis. Aus: Fritz R. Glunk: Unsere Erde. Wissen von A – Z, Loewe Verlag, Bindlach 1996, S. 222, leicht gekürzt; **S. 73 (22):** Lockspeise für Schmetterlinge. Aus: Hans Jürgen Press: Spiel, das Wissen schafft, Ravensburger Buchverlag, Ravensburg 1995, S. 168; **S. 78:** Wörterbuchauszug aus: Schülerduden Rechtschreibung und Wortkunde. 7., überarbeitete und erweiterte Auflage. Herausgegeben von der Dudenredaktion, Bibliographisches Institut & F. A. Brockhaus AG, Mannheim 2005; **S. 80 (24):** Der Quastenflosser. Nach: Brockhaus-Kalender für Kinder, Brockhaus Verlag, Leipzig 2005, leicht gekürzt und bearbeitet; **S. 90:** Wörterbuchauszug. Aus: Duden. Die deutsche Rechtschreibung, Bibliographisches Institut, Mannheim 1999, S. 419, 487, 559, 593; **S. 91 (26):** Wissenswertes über Vampire. Nach: Annette Kirchhoff/Isabel Kirchhoff: Rechtschreibung üben 6, Schöningh Verlag, Paderborn 2007, S. 64; **S. 96 (28):** Was unterscheidet Reptilien von Säugetieren? Nach: Nikolaus Lenz: Das megadicke Buch der cleveren Antworten, Loewe Verlag, Bindlach 2005, S. 229; **S. 97 (28):** Warum nehmen Nashörner Schlammbäder? Aus: Nikolaus Lenz: Tausend Wunder der Tierwelt, Loewe Verlag, Bindlach 1996, S. 139; **S. 101:** Der geheimnisvolle Keeper. Aus: Malcolm Peet: Keeper. Übers. v. Eicke Schoenfeld, Carlsen Verlag, Hamburg 2006, S. 23 ff., leicht geändert; **S. 104 (31):** Riesige Reptilien. Nach: Brockhaus-Kalender für Kinder, Brockhaus Verlag, Leipzig 2005; **S. 104 (31):** Wertvolles Papier. Nach: Brockhaus-Kalender für Kinder, Brockhaus Verlag, Leipzig 2005; **S. 105:** Josef Wittmann: Dornröschen. Aus: Hans-Joachim Gelberg (Hrsg.): Menschengeschichten. Drittes Jahrbuch der Kinderliteratur, Verlag Beltz & Gelberg, Weinheim 1975; **S. 108 (32):** Dreijähriger auf Bus-Spritztour. Nach: Brockhaus-Kalender für Kinder, Brockhaus Verlag, Leipzig 2004, 2005; **S. 109 (33):** Wasser. Aus: 500 Fragen und Antworten, Ravensburger Buchverlag Otto Maier GmbH, Ravensburg 2004, S. 151; **S. 116 (35):** Verstehen Papageien, was sie sagen? Aus: Nikolaus Lenz: Das megadicke Buch des Wissens, Loewe Verlag, Bindlach 2005 (gekürzt); **S. 117 (35):** Gibt es eine Sprache, die Menschen und Tiere verstehen? Aus: Nikolaus Lenz: Das megadicke Buch des Wissens, Loewe Verlag, Bindlach 2005 (gekürzt).

Bildquellenverzeichnis

S. 7: © Schapowalow/Huber; **S. 11:** © rupbilder – Fotolia.com; **S. 15:** © Jürgen Priewe – Fotolia.com; **S. 17:** © Friedrich Stark; **S. 18:** © blickwinkel/F. Hecker; **S. 20:** © blickwinkel/E. Menz; **S. 22:** © Dietmar Nill; **S. 23:** © picture-alliance/dpa; **S. 25:** picture alliance/ Frank May; **S. 31:** akg-images, Berlin; **S. 32, 34:** Louise Heymans; **S. 39:** LE GOUVERNEMENT DU GRAND-DUCHÉ DE LUXEMBOURG Ministère de l'Éducation nationale, de l'Enfance et de la Jeunesse; **S. 41:** © Peter Roggenthin; **S. 42:** Michael Unger Outdoor Team GmbH; **S. 44:** www.seilgarten-detmold.de; **S. 46:** © akg-images/Rabatti – Domingie; **S. 50:** © Sabrina Rothe/Jahreszeiten Verlag/www.jalag-sy; **S. 51:** © Anne Gasch-Sigge; **S. 54:** © Alimdi.net/Bettina Strenske; **S. 55:** © Topham Picturepoint/Keystone; **S. 58:** © ecopix Fotoagentur/Daniel Gruetjen; **S. 62:** © BernardBreton – Fotolia.com; **S. 64:** „Manfred Danegger/OKAPIA"; **S. 65, 88, 116:** Matthias Berghahn, Bielefeld/Verlagsarchiv Schöningh; **S. 70:** Jürgens Ost und Europa Foto; **S. 73:** © F1online; **S. 74:** © WILDLIFE/M. Harvey; **S. 80:** © WILDLIFE/G. Lacz; **S. 94:** © picture-alliance/ZB; **S. 96:** Andreas Held/www.naturbildportal.de; **S. 97:** © vario images; **S. 98:** Hauff Urwelt-Museum, Holzmaden; **S. 101:** Mal Peet, Keeper, Cover von Kerstin Schürmann, © Carlsen Verlag GmbH, Hamburg 2006; **S. 104:** © Helga Lade Fotoagentur GmbH; **S. 106:** © Biosphoto/Ruoso Cyril; **S. 109:** © Keystone/Schulz; **S. 120 o.:** © picture-alliance/ZB; **S. 122:** plainpicture/Schneider, R.; **S. 125:** Fotolia.com; **S. 126:** © fotolia/Nataliia Pyzhova; **weitere:** Verlagsarchiv Schöningh

Sollte trotz aller Bemühungen um korrekte Urheberangaben ein Irrtum unterlaufen sein, bitten wir darum, sich mit dem Verlag in Verbindung zu setzen, damit wir eventuell notwendige Korrekturen vornehmen können.